Ullstein

Nichts geht über einen schönen Garten!

ULLSTEIN

Ullstein Buchverlage GmbH,
Berlin
Taschenbuchnummer: 24034

Originalausgabe
März 1997

Umschlaggestaltung:
Vera Bauer
Illustration:
Japack / Bavaria
Alle Rechte vorbehalten
© für diese Ausgabe 1997 by Ullstein
Buchverlage GmbH, Berlin
Printed in Germany 1997
Gesamtherstellung:

ISBN 3 548 24034 8

März 1997
Gedruckt auf alterungsbeständigem
Papier mit chlorfrei gebleichtem
Zellstoff

Weitere Titel in der Reihe
der Ullstein-Geschenkbücher:

Ein Glück, daß es Oma gibt! (23718)
Sechzig – wie schön! (23729)
Was wären wir ohne Sie! (23737)
Fünfzig – wie schön! (23743)
Ein Glück, daß es Mutter gibt!
(23751)
Alles wird schon wieder... (23710)
Ein Glück, daß es Lorbaß gibt!
(23891)
500 PS müssen nicht sein! (23896)
Keine Angst vor Windeln (23893)
Eigener Herd ist Goldes wert!
(23894)
Zu netten Menschen kommt
man gerne (23895)
Ein Glück, daß es Opa gibt! (23892)
Der Kleister macht
den Meister! (24029)
Ein Glück, daß es Schwiegermütter
gibt (24030)
Wie schön, daß ihr euch traut!
(24031)

Die Deutsche Bibliothek –
CIP-Einheitsaufnahme

**Nichts geht über
einen schönen Garten** –
Frankfurt/M; Berlin: Ullstein,
Nr. 24034
    (Ullstein-Buch; Nr. 24034
    ISBN 3-548-24034-8
NE: GT

INHALT

WILLY BREINHOLST

*Was in aller Welt hat ein einfacher
Arheitselefant wie Jombowallah im Garten
des Maharadschas zu suchen?*

Unter dem dichten Laubwerk des Mangowalds am schlammigen Ufer des Flusses Sabawari stand eine Herde großer Arbeitselefanten, fest gebunden an solide verankerte Pfosten. Die Haut dieser Elefanten war sorgsam abgeschrubbt, die Ohren, die bei Arbeitselefanten oft wie ausgefranst aussehen, waren ganz heil, und die Spitzen ihrer Stoßzähne waren durch Messingbeschläge geschützt. Der junge *Mahout*, der Elefantentreiber Changa, stand vor Jombowallah und fütterte ihn mit einem Bund grüner Reispflanzen, während er den Rüssel streichelte. Keiner der anderen *Mahouts* ging so liebevoll mit seinen Elefanten um wie Changa mit Jombowallah. Sie waren zusammen auf einer großen Teeplantage aufgewachsen. Sie hatten zusammen im selben Dschungel am Fluß gespielt. So war Changa zutiefst betrübt, als Jombowallah zum Arbeitselefanten bestimmt wurde.

Changa hätte sich für Jombowallah eine bessere Zukunft gewünscht, nämlich als Jagdelefant, mit dem die weißen *Burra-Sahibs*, oben auf der *Howdah* sitzend, menschenfressende Tiger jagen. Das wären aufregende Erlebnisse gewesen. Aber Sahib Patterson, der Plantagenverwalter, hatte entschieden, daß Jombowallah ein Arbeitselefant sein sollte, und damit basta.

Jetzt schob Jombowallah von morgens bis abends schwere Teakstämme in den Fluß, tagein, tagaus. Doch hatte Changa die Hoffnung auf ein glücklicheres Leben für seinen geliebten Jombowallah noch nicht aufgegeben. Er hatte Großes vor.

»*Baito, baito!*« Das war das bekannte Kommando der *Mahouts* im Dialekt von Assam. Die Ruhepause war vorbei. Die Elefanten knieten nieder und hoben die *Mahouts* auf ihren Rücken. In schwerem, aber doch federndem Gleichschritt stampften die großen Tiere zum Fluß, vom hitzigen Geschrei der Elefantentreiber angetrieben.

Nigel Patterson, der Plantagenverwalter, und sein alter Freund Dr. Simpson saßen auf der Veranda des Gutsbungalows.

»Irgend etwas ist komisch an diesem *Mahout* da«, sagte Dr. Simpson, der den vorbeikommenden Changa beobachtet hatte. »Jeden Sonntag reitet er auf seinem Elefanten ins Palastgelände des Maharadschas und verschwindet damit in den Elefantenställen. Was in aller Welt hat ein einfacher Arbeitselefant in den unschätzbar wertvollen Ställen des Maharadschas zu suchen?«

»Changa kennt vielleicht einen der Wärter da«, meinte Patterson.

In diesem Augenblick hielt Changa vor dem Bunga-
low an. Jombowallah hob den Rüssel, um ihm absteigen
zu helfen. Changa streichelte ihn liebevoll und näherte
sich schüchtern dem großen weißen Sahib.

»*Hukum-isahuban alesham*«, grüßte er mit großem Re-
spekt. Sein gutgeschnittenes braunes Gesicht unter dem
weißen *Dhoti*-Turban war ungewöhnlich ernst. Er
brachte sein Anliegen vor.

»Kann Jombowallah die Erlaubnis bekommen zu heiraten, Sahib?«

Patterson nickte verbindlich. »Natürlich hat er die
Erlaubnis. Unter der Bedingung, daß er weiter auf der
Plantage bleibt... auch nach der Heirat.«

Changa rückte seine *Shira* zurecht und richtete sich so
hoch auf, wie er konnte. Er versuchte, seine Aufregung
zu verbergen.

»Es wird nicht möglich sein, daß er hierbleibt, Sahib.
Er hat sich in Jambarani verliebt, in den Lieblingselefan-
ten des großen Maharadschas Bahadur.«

Der Plantagenverwalter stellte sein Whiskyglas auf
dem Bambustisch so hart ab, daß etwas von dem kostbaren Inhalt überschwappte. Er sprang auf und brüllte:
»Was war das?«

»Er hat sich in Jambarani verliebt. Darf er sie heiraten?«

Changas große schwarze Augen, die um die Erlaubnis
flehten, sahen in die kalten, abweisenden Augen Patter-
sons, und er versuchte tapfer, den Blick des Mannes aus

dem Westen auszuhalten. Patterson traute seinen Ohren nicht, er beherrschte sich mit Mühe. Was würden sich diese verdammten braunen Parias als nächstes ausdenken?

»Du bist doch nicht bei Sinnen«, tobte er. »Glaubst du, ich will Ärger mit dem Maharadscha? Ich habe schon genug Schwierigkeiten mit ihm. So ein elendes Mastodon wie Jombowallah und einer der schönsten weißen, herausgeputzten Prozessionselefanten des Palasts sollen sich die Rüssel halten? Das würde mir der Fürst niemals verzeihen. Damit nicht genug, die junge Jambarani ist auch das Lieblingstier des Maharadschas. Bist du toll, Mann?«

Changa wich ein paar Schritte zurück, gab aber noch nicht auf.

»Jambarani fühlt große Liebe für Jombowallah, und sie will ihn, auch wenn er ein Paria ist. Jeden Sonntag treffen sie sich heimlich, und ihre Rüssel umschlingen einander.«

Patterson schlug mit seiner Faust so hart auf den Bambustisch, daß die letzten Whiskytropfen heraussprangen.

»Kommt nicht in Frage. Das ist absolut und völlig und ein für allemal ausgeschlossen. Ist das klar?«

»Jawohl, Sahib.«

»Also raus mit dir!«

Changa rührte sich nicht. Er hatte offenbar noch etwas auf dem Herzen.

»Heraus damit!« brüllte Patterson.

»Nun, *Burra-Sahib*, ich möchte wissen, ob Sie nicht vielleicht ein Paar sehr große, ein Paar übergroße Verlobungsringe kaufen könnten.«

JOSEPH VON EICHENDORFF
In dem Garten war schön leben

In dem Garten war schön leben, ich hatte täglich
mein warmes Essen vollauf, und mehr Geld, als ich
zum Weine brauchte, nur hatte ich leider ziemlich
viel zu tun. Auch die Tempel, Lauben und schönen grünen Gänge, das gefiel mir alles recht gut, wenn ich nur
hätte ruhig drin herumspazieren können und vernünftig
diskurieren, wie die Herren und Damen, die alle Tage
dahin kamen. Sooft der Gärtner fort und ich allein war,
zog ich sogleich mein kurzes Tabakpfeifchen heraus,
setzte mich hin und sann auf schöne höfliche Redens-
arten, wie ich die eine junge schöne Dame, die mich in
das Schloß mitbrachte, unterhalten wollte, wenn ich ein
Kavalier wäre und mit ihr hier herumginge. Oder ich
legte mich an schwülen Nachmittagen auf den Rücken
hin, wenn alles so still war, daß man nur die Bienen sum-
sen hörte, und sah zu, wie über mir die Wolken nach
meinem Dorfe zuflogen und die Gräser und Blumen sich
hin und her bewegten, und gedachte an die Dame, und
da geschah es denn oft, daß die schöne Frau mit der Gitarre oder einem Buche in der Ferne wirklich durch den
Garten zog, so still, groß und freundlich wie ein Engels-
bild, so daß ich nicht recht wußte, ob ich träumte oder
wachte.

So sang ich auch einmal, wie ich eben bei einem Lusthause zur Arbeit vorbeiging, für mich hin:

> Wohin ich geh und schaue,
> In Feld und Wald und Tal,
> Vom Berg ins Himmelblaue,
> Vielschöne gnädge Fraue,
> Grüß ich dich tausendmal.

Da seh ich aus dem dunkelkühlen Lusthause zwischen
den halbgeöffneten Jalousien und Blumen, die dort standen, zwei schöne, junge, frische Augen hervorfunkeln.
Ich war ganz erschrocken, ich sang das Lied nicht aus,
sondern ging, ohne mich umzusehen, fort an die Arbeit.

Abends, es war gerade an einem Sonnabend, und ich
stand eben in der Vorfreude kommenden Sonntags mit
der Geige im Gartenhause am Fenster und dachte noch
an die funkelnden Augen, da kommt auf einmal die
Kammerjungfer durch die Dämmerung dahergestri-
chen. Da schickt Euch die vielschöne gnädige Frau
was, das sollt Ihr auf ihre Gesundheit trinken. Eine
gute Nacht auch! Damit setzte sie mir fix eine Flasche
Wein aufs Fenster und war sogleich wieder zwischen
den Blumen und Hecken verschwunden, wie eine Ei-
dechse.

Ich aber stand noch lange vor der wundersamen Flasche und wußte nicht, wie mir geschehen war. – Und

hatte ich vorher lustig die Geige gestrichen, so spielt und sang ich jetzt erst recht und sang das Lied von der schönen Frau ganz aus und alle meine Lieder, die ich nur wußte, bis alle Nachtigallen draußen erwachten und Mond und Sterne schon lange über dem Garten standen. Ja, das war einmal eine gute schöne Nacht!

Es wird keinem an der Wiege gesungen, was künftig aus ihm wird, eine blinde Henne findet manchmal auch ein Korn, wer zuletzt lacht, lacht am besten, unverhofft kommt oft, der Mensch denkt und Gott lenkt, so meditiert ich, als ich am folgenden Tage wieder mit meiner Pfeife im Garten saß und es mir dabei, da ich so aufmerksam an mir herunter sah, fast vorkommen wollte, als wäre ich doch eigentlich ein rechter Lump. – Ich stand nunmehr, ganz wider meine sonstige Gewohnheit, alle Tage sehr zeitig auf, ehe sich noch der Gärtner und die andern Arbeiter rührten. Da war es so wunderschön draußen im Garten. Die Blumen, die Springbrunnen, die Rosenbüsche und der ganze Garten funkelten von der Morgensonne wie lauter Gold und Edelstein. Und in den hohen Buchenalleen, da war es noch so still, kühl und andächtig, wie in einer Kirche, nur die Vögel flatterten und pickten auf dem Sande. Gleich vor dem Schlosse, gerade unter den Fenstern, wo die schöne Frau wohnte, war ein blühender Strauch. Dorthin ging ich dann immer am frühesten Morgen und duckte mich hinter die Äste, um so nach den Fenstern zu sehen, denn mich im Freien zu produzieren hatt' ich keine Courage.

Da sah ich nun allemal die allerschönste Dame noch heiß und halb verschlafen im schneeweißen Kleid an das offene Fenster hervortreten. Bald flocht sie sich die dunkelbraunen Haare und ließ dabei die anmutig spielenden Augen über Busch und Garten ergehen, bald bog und band sie die Blumen, die vor ihrem Fenster standen, oder sie nahm auch die Gitarre in den weißen Arm und sang dazu so wundersam über den Garten hinaus, daß sich mir noch das Herz umwenden will vor Wehmut, wenn mir eins von den Liedern bisweilen einfällt – und ach, das alles ist schon lange her!

So dauerte das wohl über eine Woche. Aber das eine Mal, sie stand gerade wieder am Fenster und alles war stille ringsumher, fliegt mir eine fatale Fliege in die Nase und ich gebe mich an ein erschreckliches Niesen, das gar nicht enden will. Sie legt sich weit zum Fenster hinaus und sieht mich Ärmsten hinter dem Strauche lauschen. – Nun schämte ich mich und kam viele Tage nicht hin.

Endlich wagte ich es wieder, aber das Fenster blieb diesmal zu, ich saß vier, fünf, sechs Morgen hinter dem Strauche, aber sie kam nicht wieder ans Fenster. Da wurde mir die Zeit lang, ich faßte mir ein Herz und ging nun alle Morgen frank und frei längs dem Schlosse unter allen Fenstern hin. Aber die liebe schöne Frau blieb immer und immer aus. Eine Strecke weiter sah ich dann immer die andere Dame am Fenster stehen. Ich hatte sie sonst so genau noch niemals gesehen. Sie war wahrhaf-

tig recht schön rot und dick und gar prächtig und hoffär-
tig anzusehn, wie eine Tulipane. Ich machte ihr immer
ein tiefes Kompliment, und, ich kann nicht anders sagen, sie dankte mir jedesmal und nickte und blinzelte
mit den Augen dazu ganz außerordentlich höflich. –
Nur ein einziges Mal glaub ich gesehn zu haben, daß
auch die Schöne an ihrem Fenster hinter der Gardine
stand und versteckt hervorguckte. –

Viele Tage gingen jedoch ins Land, ohne daß ich sie
sah. Sie kam nicht mehr in den Garten, sie kam nicht
mehr ans Fenster. Der Gärtner schalt mich einen faulen
Bengel, ich war verdrüßlich, meine eigene Nasenspitze
war mir im Wege, wenn ich in Gottes freie Welt hinaussah.

So lag ich eines Sonntags nachmittag im Garten und
ärgerte mich, wie ich so in die blauen Wolken meiner
Tabakspfeife hinaussah, daß ich mich nicht auf ein anderes Handwerk gelegt und mich also morgen nicht auch
wenigstens auf einen blauen Montag zu freuen hätte.
Die andern Burschen waren indes alle wohlausstaffiert
nach den Tanzböden in der nahen Vorstadt hinausgezo-
gen. Da wallte und wogte alles im Sonntagsputze in der
warmen Luft zischen den lichten Häusern und wan-
dernden Leierkasten schwärmend hin und zurück. Ich
aber saß wie eine Rohrdommel im Schilfe eines einsamen Weihers im Garten und schaukelte mich auf dem
Kahne, der dort angebunden war, während die Vesper-
glocken aus der Stadt über den Garten herüberschallten

und die Schwäne auf dem Wasser langsam neben mir hin und her zogen. Mir war zum Sterben bange. –

Währenddes hörte ich von weitem allerlei Stimmen, lustiges Durcheinandersprechen und Lachen, immer näher und näher, dann schimmerten rote und weiße Tücher, Hüte und Federn durchs Grüne, auf einmal kommt ein heller, lichter Haufen von jungen Herren und Damen vom Schlosse über die Wiese auf mich los, meine beiden Damen mitten unter ihnen. Ich stand auf und wollte weggehen, da erblickte mich die ältere von den schönen Damen. Ei, das ist ja wie gerufen, rief sie mir mit lachendem Munde zu, fahr Er uns doch an das jenseitige Ufer über den Teich! Die Damen stiegen nun eine nach der andern vorsichtig und furchtsam in den Kahn, die Herren halfen ihnen dabei und machten sich ein wenig groß mit ihrer Kühnheit auf dem Wasser. Als sich darauf die Frauen alle auf die Seitenbänke gelagert hatten, stieß ich vom Ufer. Einer von den jungen Herren, der ganz vorn stand, fing unmerklich an zu schaukeln. Da wandten sich die Damen furchtsam hin und her, einige schrien gar. Die schöne Frau, welche eine Lilie in der Hand hielt, saß dicht am Bord des Schiffleins und sah so still lächelnd in die klaren Wellen hinunter, die sie mit der Lilie berührte, so daß ihr ganzes Bild zwischen den widerscheinenden Wolken und Bäumen im Wasser noch einmal zu sehen war, wie ein Engel, der leise durch den tiefen blauen Himmelsgrund zieht.

Wie ich noch so auf sie hinsehe, fällts auf einmal der

andern lustigen Dicken von meinen zwei Damen ein, ich sollte ihr während der Fahrt eins singen. Geschwind dreht sich ein sehr zierlicher junger Herr mit einer Brille auf der Nase, der neben ihr saß, zu ihr herum, küßt ihr sanft die Hand und sagt: Ich danke Ihnen für den sinnigen Einfall! ein Volkslied, *gesungen* vom Volk in freiem Feld und Wald, ist ein Alpenröslein auf der Alpe selbst, – die Wunderhörner sind nur Herbarien, – ist die Seele der Nationalseele. Ich aber sagte, ich wisse nichts zu singen, was für solche Herrschaften schön genug wäre. Da sagte die schnippische Kammerjungfer, die mit einem Korbe voll Tassen und Flaschen hart neben mir stand und die ich bis jetzt noch gar nicht bemerkt hatte: Weiß Er doch ein recht hübsches Liedchen von einer vielschönen Fraue. – Ja, ja, das sing Er nur recht dreist weg, rief darauf sogleich die Dame wieder. Ich wurde über und über rot. – Indem blickte auch die schöne Frau auf einmal vom Wasser auf und sah mich an, daß es mir durch Leib und Seele ging. Da besann ich mich nicht lange, faßt ein Herz und sang so recht aus voller Brust und Lust:

> Wohin ich geh und schaue,
> In Feld und Wald und Tal,
> Vom Berg hinab in die Aue:
> Vielschöne, hohe Fraue,
> Grüß ich dich tausendmal.

In meinem Garten find ich
Viel Blumen, schön und fein,
Viel Kränze wohl draus wind ich,
Und tausend Gedanken bind ich
Und Grüße mit darein.

Ihr darf ich keinen reichen,
Sie ist zu hoch und schön,
Die müssen alle verbleichen,
Die Liebe nur ohnegleichen
Bleibt ewig im Herzen stehn.

Ich schein wohl froher Dinge
Und schaffe auf und ab,
Und ob das Herz zerspringe,
Ich grabe fort und singe
Und grab mir bald mein Grab.

Wir stießen ans Land, die Herrschaften stiegen alle aus,
viele von den jungen Herren hatten mich, ich bemerkt es
wohl, während ich sang, mit listigen Mienen und Flü-
stern verspottet vor den Damen. Der Herr mit der Brille
faßte mich im Weggehen bei der Hand und sagte mir,
ich weiß selbst nicht mehr was, die ältere von meinen
Damen sah mich sehr freundlich an. Die schöne Frau
hatte während meines ganzen Liedes die Augen nieder-
geschlagen und ging nun auch fort und sagte gar nichts.
– Mir aber standen die Tränen in den Augen schon wie

ich noch sang, das Herz wollte mir zerspringen von dem
Liede vor Scham und vor Schmerz, es fiel mir jetzt auf
einmal alles recht ein, wie *sie* so schön ist und ich so arm
bin und verspottet und verlassen von der Welt, – und als
sie alle hinter den Büschen verschwunden waren, da
konnt ich mich nicht länger halten, ich warf mich ins
Gras hin und weinte bitterlich.

Mit der Petersilie fing es bei uns an. Da gab es die ersten Zwistigkeiten. Ich hatte in meinem Garten nie genug Petersilie für meine Frau. Ich züchtete Rosen, Tulpen, Nelken, Verbenen und Reseden, sogar Lavendelbüsche hatte ich in blauer Verschwendung. In meinem Gemüsegarten blühten die Bohnen bis in schwindelnde Höhen hinauf und wuchsen die Karotten tief in die Erde hinein, Salate und Kohlrabi reichten sich die Hand. Ich hatte auch ein großes Beet mit Petersilie bestellt, aber mit der Petersilie war es von vorherein ein Malheur. Sie zerstörte immer mehr die Harmonie meiner Ehe.

»Andere Leute haben ganze Büschel Petersilie, aber ich muß darum zum Nachbarn laufen, weil du keine herbringst, Johannes«, sagte Kitty, meine Frau.

»Es ist nicht meine Schuld«, sagte ich, »jedes Jahr säe ich dir ein ganzes Beet Petersilie an. Aber kaum ist sie gekeimt und zeigt ihre ersten winzigen Blättchen, reißt du sie schon mit dem Trieb ab, um sie in die Suppe zu werfen. Wenn du drei, vier Monate warten würdest, bevor du mit dem Zupfen beginnst, hätten wir jahrelang Petersilie in Hülle und Fülle. Du mußt ihr erlauben zu wachsen.«

Mein Argument verfing nicht. Ich konnte mich damit nicht durchsetzen. Jedes Jahr säte ich neu an, und nie wuchs Petersilie in meinem Garten. Kitty war einfach stärker als ich. Da halfen auch keine Rosen aus meinem Garten, Kitty sah mich vorwurfsvoll an.

»Ich mache mir nichts aus Rosen«, sagte sie, »ich mache mir nur etwas aus Petersilie. Petersilie ist für mich der Sinn des Gartens. Offenbar verstehst du nichts davon, denn selbst der dümmste Mensch hat im kleinsten Garten mehr Petersilie, als er braucht – nur du nicht, der Obergärtner!«

Ich sagte schon, mit der Petersilie fing es an. Aber das war noch nicht das Ende. Eines Tages tauchte ein Rosenkavalier an meinem häuslichen Herd auf. Er verehrte Kitty und zeigte seine Verehrung, indem er ihr Rosen verehrte. Jeden Morgen kamen Rosen ins Haus, langstielige wie alte Parapluies. Der lange Stiel war wichtiger als die Rose obenauf. Die Rosen selbst, da trug ich ihr schönere aus meinem Garten herauf, aber so lange Stiele, die brachte ich einfach nicht zustande. Wer schneidet seine Rosen schon so lang und beraubt die Stöcke des späteren Flors? Meine Rosen waren jetzt also nichts mehr im Vergleich zu den von fremder Hand spendierten, und ich, der bisher so stolz auf meinen Erfolg als Rosenzüchter war, geriet jetzt in den Augen meiner Frau in Verruf, nicht nur keine Petersilie, sondern auch keine vollkommenen Rosen herbeizubringen. Ein Patzer, mit einem Wort, ein Möchtegern von Gärtner!

Kitty sagte es nicht direkt, aber ich las es ihrem Lächeln ab, wenn sie die Blumen von ihrem Kavalier in Empfang nahm und mir zeigte: »Schau, Rosen! Das sind Rosen!«

Ich kam vor Zorn über die langstieligen Rosen gar nicht zum Zorn über den langbeinigen Verehrer.

»Steck sie dir an den Hut!« knurrte ich erbost.

»Wie ungalant, Johannes!« sagte Kitty nur.

Damit hatte sie wieder recht.

Ich liebe meine Frau bis über den grünen Klee. Ich bin unendlich glücklich mit ihr. Sie hat ihre Fehler, zugegeben, vor allem ihre ewigen Vorwürfe wegen der Petersilie, aber sie hat tausendmal mehr Tugenden, von ihren Vorzügen und Reizen gar nicht zu reden. Soll sie mich getrost als Gärtner nicht für voll nehmen, was macht das aus, wenn man sonst glücklich zusammenlebt. Aber auch das war eines Tages zu Ende.

»Ich muß mich ein wenig von dir erholen«, sagte Kitty eines schönen Tages, der für mich gar kein schöner Tag war, wir hatten uns wieder einmal wegen der Petersilie gestritten, »hättest du etwas dagegen, wenn ich vier Wochen verreise?«

»Allein?«

»Natürlich allein! Was glaubst du wohl?«

Sie fuhr auch allein. Der Rosenkavalier wußte nicht einmal etwas von ihrer Abreise, denn er erschien noch eine Woche lang mit seinen langstieligen Rosen, die ich ihm abnahm.

Einen Spaß mußte ich doch auch haben.

Aus den vier Wochen wurden acht.

Kitty kam nicht zurück.

Meine Freunde rieten:

»Du mußt etwas tun, sie zurückzugewinnen. Schick Blumen!«

»In der Pappschachtel? Sie würden welk, ehe sie ankämen.«

»Bist du von gestern?« riefen die Freunde, »man schickt schon längst keine Blumen mehr in der Pappschachtel. Man bestellt sie im Geschäft.«

»Dann schicken die sie in der Pappschachtel.«

»Nein, man bestellt Blumen in Mainz, und in München bekommt deine Frau taufrische Blumen, am Morgen in München geschnitten.«

»Was nützt mir das? Meine Frau ist nicht in München. Die Gute lebt gegenwärtig in Florenz.«

»Das macht alles das Blumengeschäft.«

Dies war mir neu und leuchtete mir ein. Aber was sollte ich ihr schicken, daß sie sich meiner sehnsüchtig erinnerte? Da gaben mir mein Herz und die Liebe eine gute Idee. Ich betrat ein Blumengeschäft und sagte:

»Einen Auftrag für Florenz.«

»Gern, mein Herr.«

»Schicken Sie bitte an diese Adresse einen Strauß Petersilie.«

»Petersilie?« fragte die Blumenmaid.

»Ja, einen schönen Strauß Petersilie.«

»Wir nehmen keinen Auftrag unter zehn Mark an.«

»Dann schicken Sie für zehn Mark Petersilie.«

Drei Tage später stand Kitty vor der Wohnungstür. In ihrem Arm, wie ein Blumenstrauß, trug sie einen Riesenbund Petersilie.

»Johannes! Goldstern! Du bist der geliebteste Mann der Welt!«

»Weil ich so sinnig war, dir Petersilie zu schicken?«

Kitty sah mich groß an.

»Nein«, sagte sie, »sondern weil du mir sicher damit eingestehen wolltest, daß du deine Schuld endlich eingesehen hast, und ich recht habe, wenn ich sage: du verstehst nichts von Petersilie und vom Garten…«

TERESA BLOOMINGDALE
Der Siegesgarten kapituliert

Es kann sehr wohl sein, daß ich vom Staat Nebraska ausgewiesen werde, weil ich diese Feststellung treffe, aber mein Gewissen – ebenso mein schmerzender Rücken – zwingen mich dazu:

Ich bin keine Gärtnerin.

Obwohl ich das vergangene Vierteljahrhundert in diesem landwirtschaftlich höchst fruchtbaren und ertragreichen Staat verlebt habe, mich an der Gastfreundlichkeit der Menschen freute und an ihrem agrarischen Stolz wärmte, teile ich ihre Liebe zur Scholle nicht. Ich mag nicht im Dreck wühlen; ich finde keine Erfüllung darin, zu säen und zu ernten. Ich will keine Gärtnerin sein, nicht einmal eine Hobby-Gärtnerin.

Ich habe nichts gegen Gärtner, ich liebe sie herzlich, denn sie machen es möglich, daß ich meinem liebsten Zeitvertreib frönen kann: dem Essen. Ich beneide die Gärtner sogar um ihr Talent; nur habe ich dieses Talent nicht mit ihnen gemeinsam. Wenn ich eine saftige Tomate, frischen grünen Salat oder einen gekochten Maiskolben mit Butter essen will, gehe ich zum Gemüsehändler und kaufe sie... oder, noch besser, ins Restaurant und bestelle sie. Was ich nicht tue, weil ich es nicht kann, ist das Züchten von Gemüse.

Ich schäme mich nicht dafür, daß ich keinen grünen Daumen habe; ich gebe sogar fröhlichen Herzens zu, daß ich gar keinen grünen Daumen will. Und was ich sogar noch weniger will als einen grünen Daumen, ist ein Garten im Hinterhof.

Warum habe ich dann die letzten drei Monate knöcheltief in gedüngter Erde gesteckt – zerfressen von Insekten, erstickt von Schädlingsbekämpfungsmittel, zerkratzt von Gurkenranken, eingeschüchtert von hohen Maisstengeln, und zur Weißglut getrieben von Kaninchen, die mit mir einen Wettlauf zum Salat veranstalteten und gewannen?

Weil ich mit einem gebürtigen Nebrasker verheiratet bin, darum.

Als ich meinen Heimatstaat Missouri verließ, um in Nebraska aufs College zu gehen, versicherte man mir, nicht alle Nebrasker seien Bauern. Manche seien Rancher, manche Geschäftsleute, manche führen Kleinstadtgeschäfte. Es ging auch das Gerücht, es gebe sogar Leute, die – geboren und aufgewachsen in der Stadt Omaha – niemals den Fuß in ein Maisfeld gesetzt, die Hand auf einen Pflug gelegt, mit dem Hahnenschrei das Bett verlassen oder ein Kind schreien gehört haben: »Maiskolben putzen? Bei dieser Hitze? Du spinnst ja!«

Viel zu spät erst erfuhr ich, daß auch der gebildetste Stadtfrack von Nebraska sich als verhinderten Gärtner betrachtet; und wenn er einen Flecken unbepflanzten

Bodens erblickt, fühlt er sich genötigt, etwas anzu-
bauen... irgend etwas... vorzugsweise etwas Eßbares.

In meinen Collegetagen verabredete ich mich wahllos
mit Bauernburschen, Viehzüchtern und sogar Fußball-
spielern, doch als die Zeit zum Heiraten und Seßhaft-
werden kam, wählte ich – im Bewußtsein meiner Aller-
gie gegen die Landwirtschaft – meinen Ehemann mit
großer Sorgfalt aus. Ich entschied mich für einen Akade-
miker – einen Rechtsanwalt, der nur im Gerichtssaal
oder im Hörsaal glücklich war. Gewiß würde mein
Mann und Professor der Jurisprudenz zu sehr mit Geset-
zesbüchern beschäftigt sein, um sich für Tomaten zu
interessieren.

Und tatsächlich, in den nächsten zwei Jahrzehnten
zeigte mein Mann keinerlei Interesse daran, irgend
etwas anderes zu züchten als Kinder – ein Hobby, dem
wir beide mit der gleichen Begeisterung frönten.

Sie können sich also vorstellen, wie überrascht ich
war, als er nach etwa zwanzig gartenlosen Sommern
eines Nachmittags vom Büro nach Hause kam und außer
seiner Aktentasche einen Spaten, eine Hacke und ein
35-Dollar-Buch mit dem Titel »Wie man sein eigenes
Abendessen anbaut« heranschleppte.

»Ich habe mir schon immer einen Hinterhof-Garten
gewünscht!« erklärte er, während er ein Dutzend Sa-
menpäckchen aus seiner Aktentasche zog – und aus
irgendeinem seltsamen Grund begannen meine Finger
steif zu werden, begann es in meinem Kopf zu pochen

und in meinem Rücken zu schmerzen, als ich der Samen ansichtig wurde. *Déjà vu!*

Plötzlich sah ich mich in den Sommer 1942 zurückversetzt. Der Zweite Weltkrieg lastete auf uns, und aus Gründen, die mir jetzt unerfindlich sind und es wahrscheinlich auch damals waren, wurde jeder Amerikaner dazu ermutigt, einen Siegesgarten anzulegen. Meine Mutter, die mit ihren Ideen allen anderen in der Stadt stets weit voraus war, entschied, daß *unser* Siegesgarten kein »eigenes Fleckchen Erde in unserem Hinterhof« sein solle, sondern ein viertausend Quadratmeter großes Grundstück, auf dem wir Gemüse anbauen würden, um das Schulspeisungs-Programm zu erweitern. Nie mehr würden wir Kinderchen mit »diesen schrecklich monotonen, trostlosen« (absolut köstlichen!) Erdnußbutter- und Marmeladebrötchen und »diesen altbackenen, krümelnden« (ach so himmlischen!) Kartoffelchips unsere hungrigen Mägen füllen müssen. Von nun an würden die Schulkinder ein *nahrhaftes* (das Wort allein hätte uns warnen müssen) Essen bekommen, und zwar mit so deliziösen Gerichten wie heißen, in Butter geschwenkten grünen Bohnen, Spinatauflauf und gratinierten Rüben. (Rüben, iiiechhhh!)

Das Essen wurde zu einem unglaublich niedrigen Preis angeboten, weil Mutter die Unkosten dadurch gering hielt, daß sie unglaublich billige Arbeitskraft verwendete. Keine Bezahlung ist ungefähr die niedrigste Bezahlung, die man bekommen kann, und wir, ihre gehorsamen, aber unwilligen Kinder, waren die überarbeiteten und unbezahlten Arbeitskräfte.

Jeden Sommer dieser Kriegsjahre pflügten und pflanzten wir – mein Bruder, meine Schwestern und ich –, gossen und jäteten, rupften und pflückten und brachten schließlich die Ernte ein, die wir dann zur Schulküche transportierten, wo wir unsere Abende damit zubrachten, den Mais zu schroten, die Bohnen zu entschoten, die Erbsen zu enthülsen und die Rüben zu verstecken. (Es war schlimm genug, daß wir die Dinger anbauen mußten; wir wollten sie nicht auch noch essen.)

Mein Rücken tut mir heute noch weh, wenn ich an das Pflügen und Pflanzen denke; meine Finger werden steif, wenn ich mich an das Entschoten und Enthülsen erinnere; und in meinem Kopf beginnt es zu pochen, wenn mir die Namen einfallen, die uns die anderen Kinder gaben, wenn sie den Spinatauflauf essen mußten.

Als ich älter wurde, begann ich mich an die grünen Bohnen und den Spinat zu gewöhnen (nicht an die Rüben; soweit bin ich noch nicht), doch glaube ich, daß das nicht durch eine Veränderung meines eigenen Geschmacks, sondern eher durch eine Veränderung im Gemüse an sich bewirkt wurde. Dieses vorgewaschene, vorgepackte und manchmal sogar vorgekochte Gemüse aus dem Supermarkt ist sehr viel verlockender als die erdigen, schmierigen Dinger, die man in seinem eigenen Hinterhof ausgräbt.

Mein Mann riß mich aus meiner Träumerei, indem er enthusiastisch verkündete:

»Das wird ein großer Spaß, und außerdem sparen wir noch Geld dabei. Wir machen ein Familienunternehmen daraus. Ich liebe es zuzusehen, wie etwas wächst!«

Und das tat er auch. Er sah zu.

Während Danny rodete und Timmy pflanzte und Peggy goß und Annie jätete und Patrick die Kaninchen aus dem Kohlfeld jagte, saß ihr Vater stolz auf der Veranda und beaufsichtigte ihr Tun. Da die Veranda auf der dem Garten abgewandten Seite des Hauses ist, geriet die Beaufsichtigung jedoch etwas kärglich – was vielleicht erklärt, warum Danny nur den halben Garten rodete und Timmy die andere Hälfte bepflanzte; warum Peggy das Unkraut goß und Annie die Bohnen jätete (sie sehen wirklich ein bißchen wie Unkraut aus; schmecken auch so, sagt Annie), und warum Patrick die Kaninchen in den Keller jagte, wo er sie versteckt hielt, bis sie sich um ein vielfaches vermehrt und den ganzen Heizraum bevölkert hatten.

Trotz alledem zogen wir wirklich Gemüse... sozusagen. Es wäre vielleicht von Nutzen gewesen, wenn irgend jemand sich die Zeit und Mühe genommen und das 35-Dollar-Buch (»Wie man sein eigenes Abendessen anbaut«) gelesen hätte. Denn es wäre uns gewiß von Vorteil gewesen, zu wissen, daß man Mais nicht an der Schattenseite des Hauses baut, daß man Tomaten stützt – damit man nicht auf sie tritt – und besprüht – damit die

Insekten sie nicht auffressen –, oder daß Gurken spar-
sam angebaut werden müssen. Bis zum heutigen Tag
will sich Timmy (stets loyal seinem Vater gegenüber)
nicht daran »erinnern«, wie viele Gurkensamen dieser
ihm zu säen gebot. Es genügt wohl, wenn ich sage, daß
diesen ganzen Sommer hindurch weder wir noch unsere
drei nördlichen Nachbarn ihre Hinterhöfe mähen mußten, weil das Gras durch das rapide und unaufhörliche
Wachstum der Gurkenranken unrettbar erstickt wurde.

Leider machten sich unsere Tomaten nicht so gut, da
sie von Maispflanzen überschattet waren, die tatsächlich
»in den Himmel« wuchsen, aber nicht die Fülle an Er-
trag einbrachten, die wir erhofft hatten. Wir erhielten
einen Scheffel Kolben, doch kein einziger davon war
länger als zehn Zentimeter. Wir fanden nie heraus,
warum das so war, und ich bin nicht gesonnen, die An-
gelegenheit näher zu untersuchen, denn ich fürchte,
mein geliebter Hinterhof-Gärtner könnte vielleicht
darauf bestehen, daß wir es nächstes Jahr noch einmal
versuchen.

Mit großer Erleichterung begrüßte ich den ersten
Frost, und bei der nächstbesten Gelegenheit säuberte
ich den Garten von Maispflanzen und Gurkenranken
und stach die Erde um, damit im Frühling das Unkraut
wieder unseren Hof besiedeln konnte.

Und mit dieser Erklärung habe ich mich ganz sicher
zum Exil verdammt, denn wenn es etwas gibt, das die
Einwohner von Nebraska mit größerem Stolz erfüllt als

ihr geliebter Garten, dann ist es ihr wunderschöner Rasen – belegt mit teurem, gepflegtem Edelgras.

Wie können sie von mir erwarten, daß ich Edelgras anbaue, wenn ich nicht einmal daran denken kann, meine Hinterhofwiese »Rasen« zu nennen?

JUTTA MAKOWSKY
Biergarteln

Biergarteln ist ein Verb, deklinierbar: Ich bier-
gartle, du biergartelst, er biergartelt. Nur – im
Singular taugt es nicht viel. Zünftig wird's erst
im Plural, wenn wir biergarteln, ihr (mit uns) biergartelt
und auch sie (mit euch und uns) biergarteln. Biergarteln
setzt Gemeinschaftssinn voraus und ist am schönsten in
großer Runde.

Der Ort des Biergartelns ist naturgemäß der Biergarten. Vorsicht. Die Bezeichnung wird oft falsch ange-
wandt. Ein Wirtshausgarten mit schattenspendenden
Bäumen – vornehmlich Kastanien –, in welchem Bier
ausgeschenkt und Essen serviert wird, ist noch lange
kein Biergarten. Das ist eine Gartenwirtschaft, wie sie es
überall auf der Welt gibt. Den echten Biergarten gibt es
nur in und um München. Drei wichtige Faktoren: 1) die
kleinste Trinkmenge ist eine Maß, 2) die Brotzeit darf
mitgebracht werden und 3) ein Biergarten ist keine Frei-
luftgaststätte, sondern eine Weltanschauung.

Eingefuchste Biergartler erkennt man daran, daß sie
nicht irgendein Tischtuch mitbringen, sondern ein ka-
riertes (muß nicht weißblau sein, rotweiß geht auch!).
Unbedingt erforderlich ist der Radi (für Uneingeweihte
Rettich, aber sagen Sie das bloß nicht laut im Biergar-

ten!), der kunstgerecht geschnitten, gesalzen und wie eine Ziehharmonika auseinandergezogen wird, wenn er »weint«. Falls das Salz vergessen wurde, leiht man es beim Nachbarn, das schafft Kommunikation. Ferner: Brotzeit und Zubehör bringt man immer im Korb, wenn's geht, auf dem Radl. Unser Tip: Keine Sandalen im Biergarten! Der Weg vom Ausschank zum Tisch mit Steinchen unter den Sohlen wird sonst zur Qual.

Natürlich kann man auch eine Brotzeit am Standl holen oder sich an die vornehmen Tische setzen, wo bedient wird. Da ist man dann der Gnade oder Ungnade der Bedienung ausgeliefert, die immer diejenigen zuerst drannimmt, die später gekommen sind. An solchen vernachlässigten Tischen gedeiht der Grant, auch eine Münchener Nationaleigenschaft.

Beim Biergarteln, wenn alles Mitgebrachte redlich geteilt wird, herrscht immer Frieden. Auch nach der vierten Maß wird keiner aggressiv, im Gegensatz zum oft handgreiflichen Oktoberfest. Es muß an der frischen Luft liegen. Oder halt an der Weltanschauung.

Soweit die Informationen für Nichtmünchner. Übrigens laufen sämtliche Erdteile bzw. deren Einwohner im Biergarten herum, das gehört dazu und gibt Flair. Besonders anpassungsfähig sind die Schwarzafrikaner. Den Asiaten hat niemand gesagt, daß sie ihre Stäbchen mitbringen dürfen. Aber das lernen die auch noch...

KATHERINE MANSFIELD
Das Gartenfest

Und zudem war das Wetter ideal. Sie hätten keinen perfekteren Tag für ein Gartenfest haben können, wenn sie ihn bestellt hätten. Windstill, warm, der Himmel ohne eine Wolke. Nur das Blau war von einem sanft-goldenen Dunst verschleiert, wie es manchmal im Frühsommer vorkommt. Der Gärtner war seit dem Morgengrauen auf den Beinen, mähte die Rasenflächen und fegte sie, bis das Gras und die dunklen, flachen Rosetten, wo die Tausendschönchen gestanden hatten, zu glänzen schienen. Was die Rosen betraf, wurde man das Gefühl nicht los, sie wüßten, daß Rosen die einzigen Blumen sind, die bei einem Gartenfest Eindruck auf die Leute machen; die einzigen Blumen, die jeder mit Gewißheit erkennt. Hunderte, ja buchstäblich Hunderte waren in einer einzigen Nacht herausgekommen; die grünen Büsche neigten sich, als wären sie von Erzengeln heimgesucht worden.

Das Frühstück war noch nicht vorbei, als die Männer kamen, um das Zelt aufzustellen.

»Wo soll das Zelt aufgestellt werden, Mutter?«

»Ich bin entschlossen, dieses Jahr alles euch Kindern zu überlassen. Vergeßt, daß ich eure Mutter bin. Behandelt mich wie einen Ehrengast.«

Aber Meg konnte wirklich nicht hingehen und die Männer beaufsichtigen. Sie hatte sich vor dem Frühstück die Haare gewaschen und saß da und trank ihren Kaffee; sie trug einen grünen Turban, und auf jeder Wange klebte eine nasse, dunkle Locke. Und Jose, der Schmetterling, kam immer in einem seidenen Unterrock und einer Kimonojacke nach unten.

»Du mußt gehen, Laura; du bist die Künstlerische.«

Laura flog davon und hielt immer noch ihr Butterbrot in der Hand. Es ist so herrlich, wenn man einen Vorwand dafür hat, draußen zu essen, und außerdem hatte sie es gern, wenn sie etwas arrangieren mußte; sie war stets der Überzeugung, sie könne es so viel besser als alle anderen.

Vier Männer in Hemdsärmeln standen auf dem Gartenweg in einer Gruppe beisammen. Sie trugen Stangen, die in Zeltleinwand eingewickelt waren, und auf dem Rücken hatten sie große Werkzeugtaschen. Sie sahen eindrucksvoll aus. Laura wünschte jetzt, sie hätte dieses Butterbrot nicht in der Hand, aber sie konnte es nirgends hinlegen, und wegwerfen konnte sie es auf keinen Fall. Sie wurde rot und versuchte, ernst und sogar ein bißchen kurzsichtig auszusehen, als sie auf sie zutrat.

»Guten Morgen«, sagte sie und ahmte die Stimme ihrer Mutter nach. Aber das klang so schrecklich geziert, daß sie sich schämte und wie ein kleines Mädchen stotterte: »Oh – äh –, sind Sie wegen – ist es wegen des Zeltes?«

»Ganz recht, Miss«, sagte der größte der Männer, ein hochaufgeschossener, sommersprossiger Bursche, und er hängte seine Werkzeugtasche anders um, stieß seinen Strohhut zurück und lächelte auf sie herab. »Das kommt so ungefähr hin.«

Sein Lächeln war so natürlich, so freundlich, daß Laura ihre Fassung wiederfand. Was für hübsche Augen er hatte, klein, aber von einem so dunklen Blau! Und jetzt blickte sie auf die anderen, die ebenfalls lächelten. »Nur Mut, wir beißen nicht«, schien ihr Lächeln zu sagen. Wir furchtbar nett diese Arbeiter waren! Und was für ein wunderschöner Morgen! Sie durfte den Morgen nicht erwähnen; sie mußte geschäftsmäßig tun. Das Zelt.

»Tja, wie wäre es mit der Lilienwiese? Ginge das?«

Und sie zeigte mit der Hand ohne Butterbrot auf die Lilienwiese. Sie drehten sich um und starrten in die Richtung. Ein kleiner dicker Kerl schob die Unterlippe vor, und der lange Bursche legte die Stirn in Falten.

»Die gefällt mir nicht«, sagte er. »Ist nicht auffällig genug. Schauen Sie, so ein Ding wie ein Zelt« – und er wandte sich in seiner ungezwungenen Art an Laura –, »das sollte man irgendwo aufstellen, wo es einem wie ein Schlag ins Auge knallt, wenn Sie mich verstehen.«

Lauras Erziehung ließ sie einen Augenblick lang überlegen, ob es von einem Arbeiter wirklich ehrerbietig sei, vor ihr von einem ins Auge knallenden Schlag zu sprechen. Aber sie verstand ihn recht gut.

»In einer Ecke vom Tennisplatz vielleicht«, schlug sie vor. »Aber in einer Ecke wird schon die Musikkapelle sein.«

»Aha, eine Musikkapelle haben Sie also auch?« fragte ein anderer Arbeiter. Er war blaß. Er sah verhärmt aus, als seine dunklen Augen den Tennisplatz musterten. Was mochte er wohl denken?

»Nur eine sehr kleine Kapelle«, erwiderte Laura freundlich. Vielleicht machte es ihm nicht soviel aus, wenn die Kapelle klein war. Aber der lange Bursche unterbrach sie.

»Schauen Sie her, Miss, das ist der richtige Platz. Vor den Bäumen. Dort drüben. Da ist es ausgezeichnet.«

Vor den Karakas. Dann würden die Karakabäume verdeckt. Und sie waren so schön mit ihren breiten, schimmernden Blättern und ihren Büscheln gelber Früchte. Es waren Bäume, wie man sie sich auf einer einsamen Insel vorstellen konnte, stolz, erhaben, Blätter und Früchte gleichsam in stiller Pracht zur Sonne richtend. Mußten die von einem Zelt verdeckt werden?

Sie mußten. Die Männer hatten bereits ihre Stangen geschultert und hielten auf die Stelle zu. Nur der lange Bursche blieb noch. Er bückte sich und zerrieb einen kleinen Lavendelzweig, dann hob er Daumen und Zeigefinger an die Nase und sog den Duft ein. Als Laura diese Handbewegung sah, vergaß sie die Karakabäume völlig, so verwundert war sie, daß er derlei Dingen etwas abgewinnen konnte – daß er sich für den Duft von La-

vendel interessierte. Wie viele von den Männern, die sie
kannte, hätten so etwas schon getan? Ach, wie ungewöhnlich nett diese Arbeiter doch waren. Warum
konnte sie nicht Arbeiter als Freunde haben statt der albernen Jungen, mit denen sie tanzte und die sonntags
zum Abendessen kamen? Mit Männern wie diesen hier
würde sie sich viel besser verstehen.

Schuld an alledem waren nur diese absurden Klassenunterschiede, fand sie, während der lange Bursche
etwas auf einen Umschlag zeichnete, etwas, das sich
nach oben winden oder herunterhängen sollte. Nun, sie
selbst empfand keine Klassenunterschiede. Nicht ein
bißchen, keine Spur... Und nun erklang das Pochpoch
der Holzhämmer. Jemand pfiff, und jemand rief:
»Geht's bei dir, Kumpel?« – »Kumpel!« – Diese Herz-
lichkeit – diese – diese – Nur um zu beweisen, wie glücklich sie war, nur um dem langen Burschen zu zeigen, wie
dazugehörig sie sich fühlte, biß Laura einen tüchtigen
Happen von ihrem Butterbrot ab und starrte auf die
kleine Zeichnung. Sie kam sich genau wie ein Arbeiter-
kind vor.

»Laura, Laura, wo bist du? Telefon, Laura«, rief eine
Stimme vom Haus her.

»Komme schon!« Und sie eilte davon, über den Rasen, den Weg und die Treppe hinauf, quer über die Veranda und in den Vorbau. In der Halle bürsteten ihr
Vater und Laurie ihre Hüte, bereit, ins Büro zu gehen.

»Hör mal, Laura«, sagte Laurie ganz hastig, »du

könntest mal einen kleinen Blick auf meine Jacke für heute nachmittag werfen. Schau mal, ob sie gebügelt werden muß.«

»Mach' ich«, sagte sie. Plötzlich konnte sie sich nicht mehr zurückhalten. Sie lief zu Laurie und drückte ihn rasch und kurz an sich. »Oh, Feste liebe ich wirklich sehr, du auch?«

»So halbwegs«, sagte Laurie mit seiner warmen, knabenhaften Stimme, und er drückte seine Schwester ebenfalls und gab ihr einen leichten Schubser. »Ab ans Telefon, altes Mädchen.«

Das Telefon. »Ja, ja; o ja. Kitty? Guten Morgen, meine Liebe. Kommst du zum Mittagessen? Komm doch. Freuen uns natürlich. Es wird zwar nur eine zusammengekratzte Mahlzeit sein – nur mit den Sandwichresten und zerbröckelten Baisers und was sonst noch abgefallen ist ... Ja, ist das nicht ein idealer Morgen? Dein Weißes? Oh, würde ich auf jeden Fall. Einen Moment – bleib mal dran. Mutter ruft.« Und Laura lehnte sich zurück. »Was, Mutter? Versteh' dich nicht.«

Mrs. Sheridans Stimme schwebte die Treppe herunter. »Sag ihr, sie soll den süßen kleinen Hut aufsetzen, den sie letzten Samstag getragen hat.«

»Mutter sagt, du sollst den süßen kleinen Hut aufsetzen, den du letzten Samstag getragen hast. Gut. Um eins. Tschüs.«

Laura legte den Hörer auf, warf die Arme über den Kopf, holte tief Luft, streckte sich und ließ sie wieder fallen. »Puh«, seufzte sie, und gleich nach dem Seufzer richtete sie sich rasch auf. Sie saß still und lauschte. Alle Türen im Haus schienen offenzustehen. Das ganze Haus war lebendig, voll leichter, schneller Schritte und umherlaufender Stimmen. Die grüne Friestür, die in den Küchenbereich führte, flog auf und mit einem dumpfen Schlag wieder zu. Und jetzt erklang ein langes, glucksendes, komisches Geräusch. Es war das schwere Klavier, das auf seinen starren Rollen verschoben wurde. Aber die Luft! Wenn man innehielt, merkte man es – war die Luft denn immer so? Leise Lüftchen spielten Fangen, zu den Oberlichtern herein und zu den Türen hinaus. Und da waren zwei kleine Flecke Sonnenlicht, einer auf dem Tintenfaß, einer auf dem silbernen Fotorahmen, und sie spielten auch. Süße kleine Flecke. Besonders der auf dem Deckel des Tintenfasses. Er war ganz warm. Warmer kleiner Silberstern. Sie hätte ihn küssen können.

Die Haustürglocke läutete, und auf der Treppe war das Rascheln von Sadies gemustertem Rock zu hören. Eine Männerstimme murmelte; Sadie antwortete gleichgültig: »Das weiß ich wirklich nicht. Warten Sie. Ich werde Mrs. Sheridan fragen.«

»Was gibt's, Sadie?« Laura trat in die Halle.

»Der Mann vom Blumenladen, Miss Laura.«

Tatsächlich. Gleich innerhalb der Tür stand ein breites, flaches Tragbrett mit Töpfen voller roter Lilien. Keine andere Sorte. Nichts als Lilien – Cannalilien, große rote Blüten, weit offen, fast erschreckend lebendig auf karminroten Stielen.

»Oooh, Sadie!« sagte Laura, und es klang wie ein kleines Ächzen. Sie ging in die Hocke, als ob sie sich an den lodernden Lilien wärmen wollte; sie spürte sie in ihren Fingern, auf ihren Lippen, sie wuchsen in ihrer Brust.

»Es ist ein Mißverständnis«, sagte sie matt. »So viele hat niemand bestellt. Sadie, geh und hole Mutter.«

Doch im gleichen Augenblick kam Mrs. Sheridan dazu.

»Das ist schon richtig«, sagte sie gelassen. »Doch, ich habe sie bestellt. Sind sie nicht wunderschön?« Sie drückte Lauras Arm. »Ich bin gestern am Laden vorbeigegangen und hab sie im Schaufenster gesehen. Und plötzlich dachte ich, einmal im Leben möchte ich genügend Cannalilien haben. Das Gartenfest ist doch ein guter Vorwand.«

»Aber ich dachte, du hättest gesagt, daß du dich nicht einmischen willst«, sagte Laura. Sadie war gegangen. Der Mann vom Blumenladen stand noch draußen bei seinem Lieferwagen. Sie legte ihrer Mutter den Arm um den Hals, und sie biß ihrer Mutter leicht, ganz leicht ins Ohr.

»Mein Liebling, eine logische Mutter würdest du doch nicht leiden können, oder? Laß das. Hier kommt der Mann.«

Er brachte noch mehr Lilien, noch ein ganzes Tragbrett voll.

»Stellen Sie sie gleich hier an der Tür auf«, sagte Mrs. Sheridan. »Meinst du nicht auch, Laura?«

»O doch, Mutter, natürlich.«

Im Wohnzimmer hatten es Meg, Jose und der gute kleine Hans endlich fertiggebracht, das Klavier zu verschieben.

»Wenn wir jetzt das Chesterfield-Sofa an die Wand stellen und alles bis auf die Stühle aus dem Zimmer räumen, was meint ihr dazu?«

»Doch, ja.«

»Hans, tragen Sie die Tischchen in den Rauchsalon, und bringen Sie die Kehrmaschine mit, um die Druckstellen vom Teppich zu entfernen, und, einen Moment, Hans –« Jose liebte es, den Dienstboten Anweisungen zu geben, und sie liebten es, ihr zu gehorchen. Sie weckte in ihnen das Gefühl, in einem Drama mitzuspielen. »Sagen Sie Mutter und Miss Laura, sie möchten bitte sofort hierherkommen.«

»Sehr wohl, Miss Jose.«

Sie wandte sich an Meg. »Ich wüßte gern, wie das Klavier klingt, nur für den Fall, daß ich heute nachmittag gebeten werde zu singen. Versuchen wir doch mal ›Das Leben ist trostlos‹.«

Pom! Ta-ta-ta *ti*-ta! Das Klavier stürmte so leidenschaftlich los, daß Joses Miene sich veränderte. Sie drückte ihre Hände zusammen. Sie blickte traurig und geheimnisvoll auf ihre Mutter und Laura, die das Zimmer betraten.

>»Das Leben ist trostlos,
voll Tränen und Schmerz,
die Liebe vergeht,
das Leben ist trostlos,
voll Tränen und Schmerz,
die Liebe vergeht,
Lebwohl denn, mein Herz.«

Doch bei dem Wort »Lebwohl«, und obwohl das Klavier verzweifelter denn je klang, überzog ein strahlendes, furchtbar teilnahmsloses Lächeln ihr Gesicht.

»Bin ich nicht gut bei Stimme, Mummy?« lachte sie.

>»Das Leben ist trostlos,
die Hoffnung verfliegt,
ein Traum, ein Erwa-chen...«

Aber jetzt wurden sie von Sadie unterbrochen. »Was gibt es, Sadie?«

»Bitte, gnä' Frau, die Köchin sagt, Sie haben die Fähnchen für die Sandwiches?«

»Die Fähnchen für die Sandwiches?« wiederholte Mrs. Sheridan träumerisch. Und die Kinder lasen ihr vom Gesicht ab, daß sie sie nicht hatte. »Lassen Sie mich überlegen.« Und dann sagte sie energisch zu Sadie: »Bestellen Sie der Köchin, daß sie sie in zehn Minuten bekommt.«

Sadie ging.

»Also, Laura«, sagte ihre Mutter hastig, »du kommst jetzt mit mir in den Rauchsalon. Ich habe die Namen irgendwo auf der Rückseite eines Umschlages. Du mußt sie für mich schreiben. Meg, geh jetzt augenblicklich nach oben und nimm das nasse Ding vom Kopf. Jose, lauf und zieh dich fertig an. Habt ihr mich verstanden, Kinder? Oder soll ich es eurem Vater sagen, wenn er heute abend nach Hause kommt? Und – und Jose, besänftige die Köchin, wenn du in die Küche gehst, ja? Sie jagt mir heute morgen richtiggehend Angst ein.«

Der Briefumschlag fand sich endlich hinter der Uhr im Speisezimmer, obwohl sich Mrs. Sheridan nicht vorstellen konnte, wie er dort hingeraten war.

»Eins von euch Kindern muß ihn aus meiner Handtasche gestohlen haben, denn ich erinnere mich genau – Rahmkäse und Zitronenquark. Hast du das?«

»Ja.«

»Eier und –« Mrs. Sheridan hielt den Umschlag von sich weg. »Es sieht aus wie ›Mäuse‹. Es kann doch nicht ›Mäuse‹ heißen, oder?«

»Oliven, Schätzchen«, sagte Laura, die über ihre Schulter schaute.

»Ja, natürlich, Oliven. Klingt aber wie eine schreckliche Zusammenstellung. Eier und Oliven.«

Endlich waren die Fähnchen beschrieben, und Laura brachte sie in die Küche. Sie fand Jose, die gerade die

Köchin besänftigte, obwohl sie überhaupt nicht angst-einflößend aussah.

»Ich habe noch nie so köstliche Sandwiches gese-hen«, sagte Joses begeisterte Stimme. »Wie viele Sor-ten sind es, sagten Sie? Fünfzehn?«

»Fünfzehn, Miss Jose.«

»Tja, da gratulier' ich Ihnen.«

Die Köchin schabte mit dem langen Sandwichmesser Brotkrusten zusammen und lächelte breit.

»Godber's ist da«, verkündete Sadie, die aus der Speisekammer kam. Sie hatte den Austräger am Fen-ster vorbeilaufen sehen.

Es bedeutete, daß die Windbeutel gekommen waren. Godber's waren berühmt für ihre Windbeutel. Nie-mandem kam es in den Sinn, welche zu Hause zu bak-ken.

»Bring sie herein und stell sie auf den Tisch, mein Kind«, befahl die Köchin.

Sadie brachte sie herein und ging wieder zur Tür. Laura und Jose waren natürlich viel zu erwachsen, um sich aus derlei Dingen etwas zu machen. Trotzdem mußten sie zugeben, daß die Windbeutel äußerst ver-lockend aussahen. Äußerst verlockend. Die Köchin be-gann sie anzuordnen und schüttelte den überschüssigen Puderzucker ab.

»Versetzen sie einen nicht zurück in die Zeit der frü-heren Feste?« sagte Laura.

»Vermutlich schon«, sagte die praktische Jose, die

nicht zurückversetzt werden wollte. »Sie sehen wunderbar leicht und luftig aus, muß ich sagen.«

»Nehmen Sie doch jeder einen«, sagte die Köchin. »Ihre Ma weiß es ja nicht.«

Oh, unmöglich. Man stelle sich vor, Windbeutel gleich nach dem Frühstück. Schon der bloße Gedanke ließ einen schaudern. Trotzdem, zwei Minuten später schleckten sich Jose und Laura die Finger ab – mit dem nach innen gekehrten gedankenverlorenen Blick, der nur von Schlagsahne herrühren kann.

»Laß uns hinten raus in den Garten gehen«, schlug Laura vor. »Ich möchte wissen, wie die Männer mit dem Zelt vorankommen.«

Aber die Hintertür war von der Köchin, von Sadie, Godber's Austräger und Hans verstellt. Etwas war geschehen.

»Ach-ach-ach-ach«, gackerte die Köchin wie eine aufgeregte Glucke. Sadie hielt die Hand an die Wange, als hätte sie Zahnweh. Hans verzog das Gesicht in der Anstrengung, es zu verstehen. Nur Godber's Austräger schien sein Vergnügen zu haben; es war seine Geschichte.

»Was ist los? Was ist geschehen?«

»Es hat einen schrecklichen Unfall gegeben«, sagte die Köchin. »Ein Mann ist verunglückt.«

»Ein Mann ist verunglückt? Wo? Wie? Wann?«

Aber Godber's Austräger war nicht gewillt, sich seine Geschichte vor der Nase wegschnappen zu lassen.

»Kennen Sie die kleinen Häuschen gleich da unten, Miss?« Ob sie sie kannte? Natürlich kannte sie sie. »Gut, da wohnt ein junger Kerl namens Scott, ein Fuhrmann. Sein Pferd hat vor einer Zugmaschine gescheut, heute früh, an der Ecke der Hawke Street, und er wurde vom Wagen geschleudert und ist auf den Hinterkopf gefallen. Tot.«

»Tot!« Laura starrte Godber's Austräger an.

»Tot, als sie ihn aufgehoben haben«, sagte Godber's Austräger mit Behagen. »Sie haben die Leiche nach Hause gebracht, als ich hier raufkam.« Und zur Köchin sagte er: »Er hinterläßt eine Frau und fünf kleine Kinder.«

»Jose, komm mal mit.« Laura packte ihre Schwester beim Ärmel und zog sie durch die Küche auf die andere Seite der grünen Friestür. Dort blieb sie stehen und lehnte sich dagegen. »Jose!« sagte sie entsetzt. »Wie sollen wir nur alles absagen?«

»Alles absagen, Laura«, rief Jose erstaunt. »Was meinst du?«

»Das Gartenfest absagen natürlich.« Warum verstellte sich Jose?

Aber Jose war noch erstaunter. »Das Gartenfest absagen? Meine liebe Laura, sei nicht albern. Natürlich können wir nichts dergleichen tun. Niemand erwartet das von uns. Tu doch nicht so übertrieben.«

»Aber wir können doch unmöglich ein Gartenfest abhalten, wenn gleich vor unserem Tor ein Toter liegt.«

Das war nun wirklich übertrieben, denn die kleinen Häuschen standen in einer Gasse ganz für sich am Fuß eines steilen Anstiegs, der zum Haus hinaufführte. Dazwischen verlief eine breite Straße. Sie waren der größte Schandfleck und hatten überhaupt kein Recht, in der Nachbarschaft zu stehen. Es waren schäbige kleine Behausungen, schokoladebraun gestrichen. In den Vorgärten war nichts als Kohlstrünke, kranke Hühner und Tomatenbüchsen. Sogar der Rauch, der aus den Schornsteinen stieg, war armselig. Kleine dreckige Rauchfetzen, so ganz anders als die großen silbrigen Rauchfahnen, die sich aus den Schornsteinen der Sheridans emporkräuselten. Waschfrauen wohnten in der Gasse, und ein Schornsteinfeger und ein Flickschuster und ein Mann, dessen Hausfront über und über mit winzigen Vogelkäfigen behängt war. Schwärme von Kindern. Als die Sheridans klein waren, war es ihnen verboten, einen Fuß dorthin zu setzen, wegen der widerlichen Ausdrücke und weil sie sich anstecken könnten. Doch seit Laura und Laurie erwachsen waren, gingen sie auf ihren Streifzügen manchmal dort hindurch. Es war ekelhaft und schmutzig. Sie kamen schaudernd wieder heraus. Doch schließlich mußte man überall mal hingehen, mußte man alles mal gesehen haben. Deshalb gingen sie hindurch.

»Und denk doch nur, wie die Musik für die arme Frau klingen muß«, sagte Laura.

»O Laura!« Jose begann ernsthaft böse zu werden.

»Wenn du jedesmal eine Musikkapelle am Spielen hin-
dern willst, wenn jemand einen Unfall hatte, dann wirst
du ein sehr anstrengendes Leben führen. Mir tut es genauso leid wie dir. Ich fühle ebenso mit.« Ihre Augen
wurden hart. Sie schaute ihre Schwester genauso an wie
früher, als sie klein waren und sich schlugen. »Du er-
weckst einen betrunkenen Arbeiter nicht mehr zum Leben, indem du sentimental wirst«, sagte sie leise.

»Betrunken! Wer sagt, daß er betrunken war?«
wandte sich Laura wütend an Jose. Und genau wie sie es
immer bei solchen Anlässen getan hatten, sagte sie: »Ich
gehe gleich zu Mutter hoch und sag's ihr.«

»Tu's, meine Liebe«, flötete Jose.

»Mutter, darf ich zu dir ins Zimmer?« Laura drehte
den großen gläsernen Türknauf herum.

»Natürlich, mein Kind. Na, was ist denn los? Warum
bist du so erhitzt?« Und Mrs. Sheridan wandte sich von
ihrer Frisierkommode ab. Sie probierte einen neuen Hut
auf.

»Mutter, ein Mann ist getötet worden«, begann
Laura.

»Doch nicht etwa bei uns im Garten?« unterbrach sie
die Mutter.

»Nein, nein!«

»Oh, was du mir für einen Schrecken eingejagt hast!«
Mrs. Sheridan seufzte erleichtert, nahm den großen Hut
ab und legte ihn auf ihre Knie.

»Aber so hör doch, Mutter«, sagte Laura. Und atemlos, mit halb erstickter Stimme, erzählte sie die schreckliche Geschichte. »Natürlich können wir unser Fest nicht geben, oder?« flehte sie. »Mit der Musikkapelle und allen, die herkommen. Sie würden uns hören, Mutter; es sind fast Nachbarn von uns!«

Zu Lauras Verwunderung benahm sich ihre Mutter genauso wie Jose; es war schwerer zu ertragen, weil es sie zu amüsieren schien. Sie weigerte sich, Laura ernst zu nehmen.

»Aber mein liebes Kind, benutze doch deinen gesunden Menschenverstand. Wir haben doch nur durch Zufall davon erfahren. Wenn jemand dort auf die übliche Weise gestorben wäre – und ich kann ohnehin nicht verstehen, wie man in diesen winzig kleinen Löchern am Leben bleiben kann –, dann würden wir unser Fest doch trotzdem geben, oder?«

Dazu mußte sie »ja« sagen, aber sie hatte das Gefühl, daß es ganz falsch war. Sie setzte sich auf das Sofa ihrer Mutter und zupfte an den Fransen des Kissens.

»Mutter, ist das nicht eigentlich schrecklich herzlos von uns?« fragte sie.

»Liebling!« Mrs. Sheridan stand auf und kam zu ihr herüber, den Hut in der Hand. Ehe Laura sie davon abhalten konnte, stülpte ihr die Mutter den Hut auf. »Mein Kind!« sagte sie, »der Hut gehört dir. Er ist wie für dich gemacht. Für mich ist er viel zu jugendlich. Ich habe dich noch nie so bildschön gesehen. Schau dich an!« Und sie hielt ihr den Handspiegel vor.

»Aber Mutter«, begann Laura wieder. Sie konnte sich nicht anschauen; sie wandte sich ab. Diesmal verlor Mrs. Sheridan die Geduld, genau wie Jose es getan hatte.

»Du bist äußerst absurd«, sagte sie kalt. »Solche Leute erwarten keine Opfer von uns. Und es ist nicht sonderlich einfühlsam von dir, allen die Freude zu verderben, so wie du es jetzt tust.«

»Ich verstehe es nicht«, sagte Laura und ging rasch aus dem Zimmer und in ihr eigenes Schlafzimmer. Ganz zufällig war das erste, was sie dort erblickte, dieses reizende Mädchen im Spiegel, mit einem schwarzen Hut, geschmückt mit goldgelben Maßliebchen und einem schwarzen Samtband. Nie hatte sie geglaubt, daß sie so aussehen könnte. Hat Mutter recht? überlegte sie. Und jetzt hoffte sie, daß ihre Mutter recht hatte. Bin ich überspannt? Vielleicht war alles übertrieben. Und nur für einen kurzen Augenblick machte sie sich ein anderes Bild von der armen Frau und ihren kleinen Kindern und der Leiche, die ins Haus getragen wurde. Aber es schien alles verschwommen und unwirklich, wie ein Bild in der Zeitung. Ich werde mich wieder daran erinnern, wenn das Fest vorbei ist, beschloß sie. Und irgendwie schien das auch der beste Plan zu sein...

Das Mittagessen war um halb zwei beendet. Um halb drei waren sie alle »kampfbereit«. Die grünberockte Kapelle war eingetroffen und in einer Ecke des Tennisplatzes untergebracht worden.

»Meine Liebe!« trällerte Kitty Maitland, »sehen sie nicht wie Frösche aus? Ihr hättet sie rund um den Teich gruppieren sollen und den Dirigenten in der Mitte auf einem Blatt.«

Laurie traf ein und begrüßte sie, als er zum Umziehen ins Haus ging. Als Laura ihn sah, erinnerte sie sich wieder an den Unfall. Sie wollte es ihm erzählen. Wenn er der gleichen Meinung war wie die anderen, dann mußte es in Ordnung sein. Und sie folgte ihm in die Halle.

»Laurie!«

»Hallo!« Er war schon halb auf der Treppe, doch als er sich umdrehte und Laura sah, blies er die Wangen auf und schaute sie mit Glotzaugen an. »Donnerwetter, du siehst phantastisch aus, Laura«, sagte Laurie. »Was für ein überaus charmanter Hut!«

Laura sagte leise: »Wirklich?« und lächelte Laurie zu und erzählte es ihm dann doch nicht.

Bald danach kamen die Leute in Scharen. Die Kapelle legte los; die Lohndiener rannten vom Haus zum Festzelt. Wo man hinsah, schlenderten Paare umher, beugten sich über Blumen, begrüßten einander und gingen über den Rasen weiter. Sie glichen bunten Vögeln, die sich für diesen Nachmittag im Garten der Sheridans niedergelassen hatten, auf ihrem Zug – wohin? Ach, was für ein Glück, mit Menschen zusammenzusein, die alle glücklich waren, Hände zu schütteln, Wangen zu tätscheln und Lächeln zu erwidern.

»Liebste Laura, wie gut du aussiehst!«

»Was für ein kleidsamer Hut, Kind!«

»Laura, du siehst richtig spanisch aus. So eindrucksvoll hab' ich dich noch nie gesehen.«

Und errötend antwortete Laura leise: »Haben Sie Tee bekommen? Möchten Sie denn kein Eis? Das Passionsfruchteis ist wirklich etwas Besonderes.« Sie lief zu ihrem Vater und bat ihn: »Liebster Daddy, können die Musiker nicht etwas zu trinken bekommen?«

Und der wunderschöne Nachmittag erblühte langsam, klang langsam aus und schloß langsam seine Blütenblätter.

»Nie ein schöneres Gartenfest...« – »Wunderbar gelungen...« – »Das allerschönste...«

Laura half ihrer Mutter beim Verabschieden. Sie standen Seite an Seite beim Eingang, bis alles vorüber war.

»Alles vorbei, alles vorüber, Gott sei Dank«, sagte Mrs. Sheridan. »Trommle die anderen zusammen, Laura. Laß uns frischen Kaffee trinken. Ich bin erschöpft. Ja, es war ein großer Erfolg. Aber immer diese Feste, diese Feste! Warum besteht ihr Kinder nur darauf, immer diese Feste zu geben!« Und sie ließen sich alle zusammen im leeren Zelt nieder.

»Nimm doch ein Sandwich, lieber Daddy. Ich habe die Fähnchen geschrieben.«

»Danke.« Mr. Sheridan biß hinein, und das ganze Sandwich war weg. Er nahm noch eins. »Vermutlich habt ihr nichts von dem schrecklichen Unfall gehört, der heute morgen passiert ist?« sagte er.

»Mein Lieber«, sagte Mrs. Sheridan und hielt die Hand hoch, »wir wußten es. Es hätte uns beinahe das Fest verdorben. Laura bestand darauf, daß wir es absagen.«

»O Mutter!« Laura wollte nicht damit aufgezogen werden.

»Trotzdem war es eine entsetzliche Sache«, sagte Mr. Sheridan. »Der Bursche war auch noch verheiratet. Wohnte gleich da unten in der Gasse und hinterläßt, wie es heißt, eine Frau und ein halbes Dutzend Kinder.«

Ein kurzes verlegenes Schweigen brach herein. Mrs. Sheridan spielte nervös mit ihrer Tasche herum. Wirklich, es war äußerst taktlos von Vater...

Plötzlich schaute sie auf. Dort auf dem Tisch standen all diese Sandwiches, Windbeutel und Kuchen, die noch übriggeblieben waren. Sie hatte eine ihrer glänzenden Ideen.

»Ich weiß was«, sagte sie. »Wir werden einen Korb zurechtmachen und diesem bedauernswerten Geschöpf etwas von diesen herrlichen, guten Sachen schicken. Für die Kinder wird es auf jeden Fall ein großes Fest. Meint ihr nicht? Und sicher kommen Nachbarn zu Besuch und so weiter. Wie gut, daß dann alles schon vorbereitet ist. Laura!« Sie sprang auf. »Hol mir den großen Korb aus dem Schrank unter der Treppe.«

»Aber Mutter, glaubst du wirklich, daß das ein guter Einfall ist?« sagte Laura.

Und wieder – wie merkwürdig – schien sie sich von allen anderen zu unterscheiden. Die Reste von ihrem Fest zu nehmen. Ob das der armen Frau wirklich gefiele?

»Natürlich! Was ist nur heute mit dir los? Vor ein, zwei Stunden hast du uns gedrängt, Mitgefühl zu zeigen.«

Also gut! Laura lief los, um den Korb zu holen. Er wurde gefüllt, wurde jetzt von ihrer Mutter vollgepackt.

»Bring ihn selbst hin, Liebling«, sagte sie. »Lauf so runter, wie du bist. Nein, warte, nimm auch die Lilien mit. Leute dieser Klasse lassen sich von Lilien so beeindrucken.«

»Die Stiele werden ihr Spitzenkleid ruinieren«, sagte die praktische Jose.

Das war richtig. Gerade noch rechtzeitig. »Also, dann nur den Korb. Und, Laura!« – ihre Mutter folgte ihr aus dem Zelt – »Auf keinen Fall sollst du –«

»Was, Mutter?«

Nein, besser dem Kind keine solchen Gedanken in den Kopf setzen! »Nichts! Lauf nur.«

Es wurde dämmrig, als Laura das Gartentor schloß. Ein großer Hund lief wie ein Schatten vorbei. Die Straße schimmerte weiß, und unten in der Senke standen die kleinen Häuschen im tiefen Schatten. Wie still es schien nach diesem Nachmittag. Hier ging sie den Hü-

gel hinab, irgendwohin, wo ein Mann tot dalag, und sie
konnte es nicht begreifen. Und warum nicht? Sie hielt
einen Augenblick inne. Und es schien, daß Küsse, Stimmen, klappende Löffel, Gelächter und der Geruch zer-
tretenen Grases irgendwie in sie eingedrungen waren.
Für etwas anderes hatte sie keinen Platz. Wie merkwürdig! Sie schaute zum blassen Himmel auf, und alles, was
sie dachte, war: »Ja, es war wirklich ein äußerst gelunge-
nes Fest.«

Jetzt hatte sie die breite Straße überquert. Der Anfang
der Gasse, rauchig und düster. Frauen in Schals und
wollenen Tweedmützen eilten vorbei. Männer lunger-
ten an den Holzzäunen herum; die Kinder spielten vor
den Türen. Ein leises Summen kam aus den armseligen
kleinen Häuschen. In einigen flackerte Licht, und ein
Schatten, krabbenartig, zog am Fenster vorbei. Laura
senkte den Kopf und eilte weiter. Sie wünschte, sie hätte
einen Mantel übergezogen. Ihr Kleid leuchtete. Und der
große Hut mit dem flatternden Samtband – wenn es nur
ein anderer Hut gewesen wäre! Schauten ihr die Leute
nach? Es war wohl so. Es war ein Fehler, hierherzukom-
men; sie wußte die ganze Zeit über, daß es ein Fehler
war. Sollte sie denn jetzt noch umkehren?

Nein, es war zu spät. Da war das Haus. Das mußte es
sein. Ein dunkles Knäuel von Menschen davor. Neben
der Gartentür saß eine uralte Frau mit Krücken auf
einem Stuhl und beobachtete. Ihre Füße standen auf
einer Zeitung. Die Stimmen verstummten, als Laura nä-

her trat. Die Gruppe teilte sich. Es war, als hätte man sie
erwartet, als hätte man gewußt, daß sie kommen würde.

Laura war furchtbar nervös. Sie warf das Samtband
über die Schulter und fragte eine Frau, die herumstand:
»Ist das das Haus von Mrs. Scott?«, und die Frau lächelte
sonderbar und sagte: »Ja, das ist es, mein Mädel.«

Oh, nur weit weg sein von alledem! Jetzt sagte sie sogar: »Gott hilf mir!«, als sie den schmalen Weg entlang-
ging und klopfte. Weit weg sein von all diesen starren-
den Augen oder mit irgend etwas verhüllt sein, wenigstens von einem dieser großen Schals. Ich werde einfach
den Korb abgeben und gehen, beschloß sie. Ich werde
nicht einmal abwarten, bis er ausgeleert ist.

Dann wurde die Tür geöffnet. Im Dämmerlicht erschien eine kleine, schwarzgekleidete Frau.

»Sind Sie Mrs. Scott?« fragte Laura. Aber zu ihrem
Schrecken antwortete die Frau: »Treten Sie bitte ein,
Miss«, und schon stand sie eingeschlossen im Flur.

»Nein«, sagte Laura, »ich möchte nicht hereinkom-
men. Ich möchte nur diesen Korb abgeben. Mutter
schickt –«

Die kleine Frau im dämmrigen Flur schien sie nicht
gehört zu haben. »Hier entlang bitte, Miss«, sagte sie
mit öliger Stimme, und Laura folgte ihr.

Und schon war sie in einer erbärmlichen, niedrigen,
kleinen Küche, die von einer rauchenden Funzel erhellt
wurde. Vor dem Feuer saß eine Frau.

»Em«, sagte das kleine Geschöpf, das sie eingelassen

hatte. »Em! Da ist eine junge Dame.« Sie drehte sich zu Laura um. »Ich bin die Schwester, Miss. Sie müssen sie entschuldigen, ja?« sagte sie bedeutungsvoll.

»Oh, aber natürlich!« erwiderte Laura. »Bitte, stören Sie sie nicht. – Ich – ich wollte doch nur den –«

Doch in diesem Augenblick drehte sich die Frau am Feuer um. Ihr Gesicht, aufgedunsen, rot, mit geschwollenen Augen und Lippen, sah furchtbar aus. Sie schien nicht zu verstehen, warum Laura hier war. Was hatte es zu bedeuten? Warum stand diese Fremde mit einem Korb in der Küche? Was sollte das alles? Und ihr jämmerliches Gesicht verzog sich wieder.

»Es ist schon gut, meine Liebe«, sagte die andere. »Ich werde der jungen Dame danken.«

Und wieder begann sie: »Sie werden sie bestimmt entschuldigen, Miss«, und ihr Gesicht, das ebenfalls geschwollen war, bemühte sich um ein schwaches Lächeln.

Laura wollte nur hinaus, wollte weg. Sie stand wieder im Flur. Die Tür wurde geöffnet. Sie trat geradewegs ins Schlafzimmer, wo der tote Mann lag.

»Sie wollen ihn gern sehen, nicht wahr?« sagte Ems Schwester, huschte an Laura vorbei hinüber zum Bett. »Haben Sie keine Angst, mein Mädchen« – und jetzt klang ihre Stimme liebevoll und listig, und liebevoll zog sie das Leichentuch herunter –, »er sieht bildhübsch aus. Nichts ist zu sehen. Kommen Sie nur, meine Liebe.«

Laura trat näher.

Da lag ein junger Mann und schlief – schlief so fest, so tief, daß er weit, weit weg von allem war. Ach, so fern, so friedlich. Er träumte. Man durfte ihn nie mehr aufwecken. Sein Kopf war ins Kissen gesunken; seine Augen waren geschlossen; sie lagen blind unter seinen geschlossenen Lidern. Er war seinem Traum ergeben. Was kümmerten ihn Gartenfeste und Körbe und Spitzenkleider? Er war weit weg von all diesen Dingen. Er war schön, wunderschön. Während sie lachten und die Kapelle gespielt hatte, war dieses Wunder in die Gasse gekommen. Glücklich... glücklich... Alles ist gut, sagte das schlafende Gesicht. Es ist genauso, wie es sein soll. Ich bin zufrieden.

Aber trotzdem mußte man weinen, und sie konnte nicht aus dem Zimmer gehen, ohne etwas zu ihm zu sagen. Laura schluchzte laut und kindlich.

»Verzeih meinen Hut«, sagte sie.

Und diesmal wartete sie nicht auf Ems Schwester. Sie ging zur Tür hinaus und den Pfad entlang, an all diesen dunklen Leuten vorbei. An der Ecke der Gasse traf sie Laurie.

Er trat aus dem Schatten. »Bist du's, Laura?«

»Ja.«

»Mutter begann, sich zu ängstigen. Alles in Ordnung?«

»Ja doch, o Laurie!« Sie nahm seinen Arm und drückte sich an ihn.

»Sag mal, du weinst doch nicht, oder?« fragte ihr Bruder.

Laura schüttelte den Kopf. Sie weinte.

Laurie legte seinen Arm um ihre Schultern. »Weine nicht«, sagte er mit seiner warmen, liebevollen Stimme. »War es schlimm?«

»Nein«, schluchzte Laura. »Es war einfach wunderbar. Aber, Laurie –« Sie hielt inne und schaute ihren Bruder an. »Ist das Leben«, stammelte sie, »ist das Leben nicht –« Aber wie das Leben war, konnte sie nicht erklären. Es spielte keine Rolle. Er verstand sie ganz gut.

»Ja, nicht wahr, Kleines?« sagte Laurie.

THOMAS DEGERING
Hänselmanns Leiden

HERR HÄNSELMANN Gut, daß ich Sie heute morgen treffe, Herr Kniffke! Sehr gut! Sehr gut! Ausgezeichnet!

HERR KNIFFKE Äh – wie meinen Sie – weshalb – wieso, Herr Hänselmann? Ich...

HERR HÄNSELMANN Weil es so jetzt nicht länger geht, Herr Kniffke! Ich muß Sie *dringend* bitten, Maßnahmen zu ergreifen! Bis jetzt habe ich versucht, darüber hinwegzusehen, doch bin ich nun nicht mehr imstande, dies weiterhin zu tun! Ich fordere Sie im Interesse der ganzen Straße nunmehr ultimativ auf...

HERR KNIFFKE Herr Hänselmann, hätten Sie die große Güte, mir anzudeuten, wovon Sie überhaupt reden?

HERR HÄNSELMANN Wovon ich rede?!

HERR KNIFFKE Ja.

HERR HÄNSELMANN Das will ich Ihnen allerdings sagen!

HERR KNIFFKE Das wäre ja nett.

HERR HÄNSELMANN Ihr Rasen!!!

HERR KNIFFKE Wie – mein Rasen? Bitte? Was soll das – was ist mit meinem Rasen?

HERR HÄNSELMANN Was mit Ihrem Rasen ist?! Muß ich Ihnen das denn wirklich noch ausdrücklich sagen?!

HERR KNIFFKE   Sagen Sie mal, lieber Herr Hänselmann, ich muß ins Büro, ich habe nicht viel Zeit, vielleicht überwinden Sie sich doch und sagen mir jetzt – andernfalls lassen Sie's eben bleiben, nicht wahr?

HERR HÄNSELMANN   Also gut, also schön, Herr Kniffke! Im Namen der ganzen Straße fordere ich Sie hiermit auf, Ihren – Ihren – Ihren – unbeschreiblich – verwahrlosten Rasen *umgehend zu mähen*! Und zwar – *heute noch*! Jawohl! *Heute noch*!

HERR KNIFFKE   Höre ich recht, Herr Hänselmann?

HERR HÄNSELMANN   Ja, ganz recht, Sie hören recht!!

HERR KNIFFKE   Sagen Sie mal – Sie wollen mir befehlen, meinen Rasen zu mähen? Habe ich Sie da – richtig verstanden?

HERR HÄNSELMANN   Nicht ich, nicht ich, nicht ich allein! Die Straße! Im Namen der gesamten Straße!!

HERR KNIFFKE   Entschuldigen Sie, sind Sie noch bei sich, Herr Hänselmann? Was hat die Straße mit meinem Rasen...

HERR HÄNSELMANN   Ja, das will ich Ihnen gerne sagen, Herr Kniffke! Was ist mit dieser Straße bitte?! In dieser unserer Straße stehen schöne, schmucke, ordentliche Reihenhäuser! Und jedes dieser schönen, schmucken, ordentlichen Reihenhäuser hat einen schönen, schmucken, ordentlichen Rasen! Und zwar einen *gemähten*!! Einen *sauber gemähten*! Gehen Sie die ganze Straße entlang! *Alle* sind gemäht, *alle*! Alle – bis auf *einen*, Herr Kniffke – bis auf *Ihren*! Und das darf nicht geduldet werden!! Deswegen fordere ich Sie noch einmal auf, *heute noch* Ihren unbeschreiblich verwahrlosten Rasen...

HERR KNIFFKE   Herr Hänselmann, nun reicht es. Ich sage Ihnen zwei Dinge, bevor ich mich verabschieden muß! Zum ersten: mein Rasen ist nicht ›verwahrlost‹, sondern vor einer Woche von mir das letzte Mal gemäht worden. Zum zweiten...

HERR HÄNSELMANN   Ja, vor einer Woche!! Vor einer Woche!!

HERR KNIFFKE   Zum zweiten: mein Rasen ist *mein* Rasen. Ich mähe ihn, wenn ich Lust dazu habe, und nicht, wenn ich keine Lust dazu habe. Fertig. Das war's. Auf Wie-

HERR HÄNSELMANN   Ihr Rasen ist eben nicht Ihr Rasen! Ihr Rasen ist ein Reihenhausrasen in einer Reihenhausstraße mit Reihenhäusern und deshalb verpflichtet, in seinem äußeren Erscheinungsbild das Gesamtreihenhausrasenbild nicht zu stören! Tut er es doch, sind Maßnahmen zu ergreifen! Ist einzuschreiten! Umge-

HERR KNIFFKE   Herr Hänselmann – eine Frage.

HERR HÄNSELMANN   Bitte sehr! Fragen Sie!

HERR KNIFFKE   Sind Sie derzeit rein zufällig in ärztlicher Behandlung?

HERR HÄNSELMANN   Nicht derzeit! Seit Jahren! Seit Jahren!

HERR KNIFFKE   In – nervenärztlicher Behandlung?

HERR HÄNSELMANN Jawohl! Professor Schaps! Eine Koryphäe!

HERR KNIFFKE Weswegen sind Sie in Behandlung? Welches Leiden quält Sie?

HERR HÄNSELMANN Chronische Reihenhausrasenneurose!

HERR KNIFFKE Dacht ich's doch! Und welche Therapie wendet Professor Schaps bei Ihnen an?

HERR HÄNSELMANN Pillen!

HERR KNIFFKE Besonders erfolgreich scheint diese Art der Behandlung in Ihrem Fall nicht zu sein...

HERR HÄNSELMANN Das sagen Sie! Ohne die Pillen, sagt Professor Schaps, würde ich alle nicht gemähten Reihenhausrasen in der Straße zwanghaft benagen!

HERR KNIFFKE Ach so ist das!

HERR HÄNSELMANN Ja!

HERR KNIFFKE Hm, dann geht's ja direkt noch!

HERR HÄNSELMANN Das find' ich auch!

HERR KNIFFKE Na gut – ich wünsch' Ihnen dann trotz allem noch einen schönen Tag, Herr Hänselmann! Wiedersehn!

HERR HÄNSELMANN (*formt die Hände zu einem Trichter*) Herr Kniffke, Herr Kniffke – Ihr Rasen!!!! Ihr RASEN!!!!

FRANZISKA POLANSKI

Hilferuf Schnittblumen

L *eserfrage:*
Hilfe! Ich habe zum Fünfzigsten Schnittblumen
geschenkt bekommen! Was soll ich tun?

Antwort unserer Experten:
Bleiben Sie ganz ruhig. Jeder Mensch ist heute der Gefahr ausgesetzt, mit handelsüblichen Schnittblumen
beschenkt zu werden. Im Tierversuch finden sich jedoch keinerlei Hinweise auf akute Lebensgefahr. Mit
Rosen beschenkte Meerschweinchen zeigen beispiels-
weise keinerlei Anzeichen von Atemlähmung. Auch
das Überreichen von Veilchen, Orchideen und Oster-
glocken an Wüstenmäuse ist völlig unbedenklich. Daß
bei sogenannten Menschen immer wieder zentraler
Atemstillstand, Herzasthma und akutes Nierenversagen beim Überreichen im Handel erhältlicher Schnittblumensträuße auftreten, hängt vermutlich mit unsach-
gemäßer Handhabung der zu 98 Prozent aus dem völlig
harmlosen Perceptolozid Afragulthan und dem biolo-
gisch abbaubaren Colorexit bestehenden Sträuße zusammen. Während nämlich sowohl Wüstenmäuse als
auch sämtliche Meerschweinchenarten überreichte
Schnittblumensträuße instinktiv ignorieren, beginnen

Menschen intensiv an ihnen überreichten Blumen zu riechen. Hierdurch kommt es zu einer Aufnahme des die Blütenfarbe garantierenden Farbechtheitsmittels Colorexit und des Blattlausschutzes Afragulthan durch die oberen Nasenschleimhäute, was, obwohl beide Mittel unschädlich sind, zu Herz-Kreislauf- und Nierenversagen sowie zentralem Atemstillstand führt. Bei sachgemäßer Handhabung sind derartige Schnittblumenunfälle jedoch hundertprozentig vermeidbar. Durch Einhalten eines nur fünf Meter großen Sicherheitsabstandes zwischen Blume und Körper sowie Gummihandschuhe (merke: erst Gummihandschuhe überreichen, dann den Strauß!) kann nämlich nicht nur die Perceptolozidresorption im oberen Nasenraum, sondern auch das Eindringen des absolut unschädlichen Colorexits durch die Haut vermieden werden. Ganz sicher geht, wer seinen Blumenstrauß in eine in jedem Blumengeschäft zu erwerbende Blumenbox einschließt, die TÜV-geprüft ist. In dieser luftdicht schließenden Alubox können Schnittblumen für alte und junge Jubilare völlig ungefährlich verwelken und sogar auf den Eßtisch gestellt werden. Durch die hübschen Bemalungen der Blumenboxen mit Blumenmotiven (Dürer!) wird auch ein ästhetisch nicht zu unterschätzender Genuß erzielt.

Beachten Sie bitte auch: Schnittblumen sind Sondermüll und gehören nicht auf den Komposthaufen oder in die Hände von Kindern! Wenn wir alle diese Vorschrif-

ten beachten, so können wir auch weiterhin ungeteilte
Freude empfinden, wenn es wieder heißt: Herzlichen
Glückwunsch! (Die Nummer des Giftnotrufs finden Sie
unter den Staubgefäßen.)

HARALD ECKERT
Schwiegermutters Garten

Kurz bevor ich mich auf den Weg zu unserer Stammkneipe machte, rief mein Freund Kurt an. »Aus dem Bierchen heute abend wird nichts«, informierte er mich mit betrübter Stimme. »Ich muß mich um den Garten meiner Schwiegermutter kümmern...«

Ich glaubte zunächst, daß Kurt scherzte. »Wieso denn das?« fragte ich. »Ich denke, du kannst deine Schwiegermutter nicht ausstehen – und jetzt spielst du für sie Gartenpfleger?«

»Die Dame hat sich den Fuß gebrochen und liegt im Hospital. Ich kam gar nicht dazu, mich darüber zu freuen, denn sofort hat mich meine Frau vor die Wahl gestellt: entweder jeden Tag eine Stunde in der Klinik liebevoll mit der Mama plaudern; oder nur Kurzvisiten, dafür aber liebevoll ihren Garten pflegen. Na ja, wenn du zwischen Zahnschmerzen und Schnupfen zu wählen hast...«

»Ich helfe dir«, bot ich spontan an. »Wir können ja auch dort ein Bier trinken.«

»Prima!« sagte Kurt. »Ich bringe einen Kasten Helles mit.«

Wenig später standen wir hinter dem Haus von Kurts

Schwiegermutter und betrachteten mißmutig ein ganz unerfreulich großes Gewirr von Beeten, Stauden, Sträuchern, Bäumen und Blumen. Zum Glück hatte Kurt einen Zettel mit Instruktionen bei sich.

»Gießen!« verkündete er. »Wir sollen das ganze Zeug gießen!«

»Hier ist ein Wasserhahn«, sagte ich. »Wo ist der Schlauch?«

»Kein Gartenschlauch«, versetzte Kurt müde. »Es muß alles von Hand gegossen werden, mit Gießkannen...«

»Waaas!?«

»Schwiegermama hält auf Handarbeit, nicht auf Mode. Für die Gartenbewässerung einen Schlauch zu verwenden ist für sie so undenkbar, wie Wein mit dem Strohhalm zu trinken.«

Mir war das Unternehmen Gartenhilfe schon jetzt gründlich verleidet. »Und wo sind diese verflixten Kannen?«

Wir stöberten schließlich im Gartenhaus zwei Gießkannen auf, füllten sie mit Wasser und begannen mit der Arbeit.

»Hier wimmelt es von Schnecken«, bemerkte Kurt nach einer Weile, stellte seine Gießkanne ab und kramte seinen Zettel hervor. »Richtig. Hier steht, daß die Schnecken von Hand eingesammelt werden müssen.«

»Mit der Hand?!« entsetzte ich mich. »Etwa diese klebrigen schwarzen Dinger mit der Hand auflesen?«

»Ja.«

»Gibt es denn da kein Pulver, kein Vertilgungsmittel?«

»Gibt es schon«, erklärte Kurt, während wir unsere Gießkannen wieder auffüllten. »Aber meine Schwiegermutter will keine Chemie im Garten. Wir sollen gegen Schnecken reichlich Fichtennadeln und Asche ausstreuen.«

»Von Hand?«

»Versteht sich...«

Als wir nach einer Stunde gut die Hälfte des Gartens bewässert hatten, gönnten wir uns ein Bier und eine Pause.

»Wie lange dauert ein Klinikaufenthalt bei einem Knöchelbruch?« erkundigte ich mich behutsam.

»Keine Ahnung«, erwiderte Kurt gereizt. »Du mußt mir ja nicht helfen – geh ruhig allein an unsere Theke.«

»So war's nicht gemeint«, beruhigte ich meinen Freund. »Was mich anwidert, sind diese Schnecken. Mit der Hand auflesen – also ehrlich, gibt's denn da gar kein anderes Mittel?«

»Die Dame hat eine üppige Bibliothek zum Thema Gartenpflege«, meinte Kurt. »Komm mit, wir gehen hinein und stöbern mal...«

Schon kurze Zeit später wurde Kurt fündig. »Hier steht was über ›Bierfallen‹: Man soll mittelgroße Gläser halb mit Bier füllen und sie ebenerdig im Garten eingraben!« rief er.

»Und das soll was nützen?« zweifelte ich.

»Hier heißt es: ›Die Schnecken werden vom Bier angelockt und gehen daran zugrunde.‹ Wortwörtlich!«

»Das ist ja kaum zu fassen«, meinte ich nachdenklich.

»In der Tat«, bestätigte Kurt. »Die armen Viecher...«

»Schnecken sind anscheinend auch nur Menschen«, überlegte ich. »Wir bauen doch wohl keine Bierfallen, oder?«

»Nein«, sagte Kurt. »Das grenzt an Tierquälerei – bei Bier opfern wir uns lieber selber...«

Der Knöchelbruch von Kurt's Schwiegermama zog sich in die Länge, und wir trafen uns jeden zweiten Abend in ihrem Garten; von Hand das Grünzeug zu gießen, von Hand Schnecken einzusammeln, von Hand Fichtennadeln auszustreuen... Die Schnecken ließen sich übrigens dadurch kaum beirren.

»Man sollte bei der Wahl der eigenen Frau nicht so pingelig sein«, keuchte Kurt, als wir wieder einmal den Garten mit Wasser versorgt hatten und uns erschöpft mit einem Bier vor das Gartenhaus setzten. »Man sollte sich vielmehr die künftige Schwiegermutter sehr genau aussuchen.«

»Und die Größe ihres Gartens in Augenschein nehmen«, bestätigte ich grimmig. »Wann wird sie endlich entlassen?«

»Keine Ahnung«, seufzte Kurt. »Ich hab' gestern mit dem behandelnden Arzt gesprochen, hab' mich sogar vorsichtig erkundigt, ob nicht leichte Bewegung in frischer Gartenluft für meine Schwiegermutter jetzt das Beste sei.«

»Und?«

»Der hat nur unverschämt gegrinst«, sagte Kurt. »Und dann gemeint, vorläufig genüge es, wenn ich ihr frische Gartenfrüchte in die Klinik bringe.«

Ich schüttelte den Kopf. »Kaum zu glauben.«

»Ja«, sagte Kurt. »Vor allem, weil wir das noch tun müssen.«

»Was tun müssen?«

»Stachelbeeren und Johannisbeeren«, erwiderte Kurt. »Die sind reif – und die wünscht sie sich morgen als Dessert.«

Ich sah meinen Freund an. »Wir sollen auch noch ihre dämlichen Beeren abpflücken?« fragte ich entrüstet.

»Ja«, sagte Kurt. »Es ginge nichts über handgepflückte Früchte aus dem eigenen Garten, sagt Schwiegermama.«

»Natürlich«, meinte ich resigniert. »Handgepflückt...«

Kurt pflückte Johannisbeeren, ich sammelte Stachelbeeren. Als wir in der Küche die Früchte wuschen und in ein Geschenkkörbchen füllten, schlug ich vor, doch ein paar handverlesene Schnecken unter die Beeren zu mischen – und Kurt schien einen Augenblick der Versuchung zu unterliegen.

»Nein«, sagte er dann. »Ich traue mich einfach nicht.«

»Feigling!«

»Ja«, gestand Kurt. »Aber wenn du den Fehler machst und dir die eigene Schwiegermutter nicht genau aussuchst...«

✳

Drei Wochen später hatten wir es geschafft! Die letzte Gartenpflege war absolviert, die Schwiegermama für den nächsten Morgen mit Gipsfuß zur Entlassung vorgesehen. Zu Kurts und meiner Erleichterung hatte sie verkündet, am meisten freue sie sich darauf, wieder ihren Garten gießen zu können...

»Weißt du«, meinte Kurt, als wir nach vollbrachter Arbeit vor dem Gartenhaus ausruhten. »Jetzt, wo es vorbei ist, kommt es mir gar nicht mehr so schlimm vor.«

»Ach ja?« fragte ich. »Handgegossenes Gemüse, handgelesene Schnecken, handgepflückte Früchte – bist du verrückt geworden?«

»War nur ein Scherz«, beruhigte mich Kurt. »Aber jetzt komm, wir inspizieren mal gründlich ihren Keller...«

»Nach Schnecken?«

»Nach einem Vertilgungsmittel...«

Tatsächlich fanden wir ein verstaubtes Flaschenregal in der Kellerecke. Und der Inhalt schien auch ganz vertilgbar zu sein. Und kurz darauf stöberten wir in einer Kiste etliche Flaschen Wein auf, die, nach den Etiketten zu urteilen, einen noch viel besseren Inhalt bargen!

»Hier ist sogar eine Trockenbeerenauslese von 1976!« rief Kurt. »Muß ein toller Tropfen sein.«

»Ob wir den einfach trinken dürfen?« zweifelte ich.

»Wir trinken ihn!« bestimmte Kurt. »Und die andern Flaschen auch... Ich hab' doch keine Angst vor Schwiegermama. Basta!«

In der Tat fiel die Weinprobe vorzüglich aus. Nachdem wir die ersten zwei, drei Flaschen vertilgt hatten, gossen wir großherzig unseren Biervorrat in einen Eimer und gruben diesen inmitten der Salatbeete ein. Dabei knickten wir aus Ungeschick und in der Dunkelheit auch ein paar Blumen, trampelten durch das eine oder andere Gemüsebeet, auch die Tomatenstauden bekamen einiges ab... – Anschließend widmeten wir uns wieder unverzagt Schwiegermamas Weinvorräten...

Am nächsten Tag waren nicht nur zahlreiche Schnekken, sondern auch wir beinahe eingegangen. Und Kurt hätte sich beinahe eine handverlesene Ohrfeige von seiner Schwiegermutter eingefangen. Diese hatte uns frühmorgens im Gartenhaus aufgestöbert, wo wir, umsäumt von den leeren Flaschen ihrer besten Jahrgänge, unseren Rausch ausschliefen. Die resolute Dame jagte uns, trotz Gipsfuß, mit handsortierten Flüchen querbeet durch ihren Garten davon. Und verbot uns für alle Zukunft, jemals wieder ihr Anwesen zu betreten... Nun, darüber waren wir zunächst auch ganz erfreut... Aber mittlerweile... Es ist schon komisch. Jetzt fehlt er uns beinahe. Dieser verflixte Garten...

ADALBERT STIFTER

Als wir den Hügel vollends umgangen hatten

Als wir den Hügel vollends umgangen hatten und an mehreren ländlichen Wohnungen vorbeigekommen waren, stiegen wir auf der nämlichen Seite und auf dem nämlichen Wege gegen das Haus empor, auf welchem ich gestern gegen dasselbe hinangekommen war. Da wir es erreicht hatten, traten uns die Rosen entgegen, wie sie mir gestern entgegengetreten waren. Ich nahm von diesem Anblicke Gelegenheit, meinen Gastfreund der Rosen wegen zu fragen, da ich überhaupt gesonnen war, dieser Blumen willen einmal eine Frage zu tun. Ich bat ihn, ob wir denn zu besserer Betrachtung nicht näher auf den großen Sandplatz treten wollten. Wir taten es, und standen vor der ganzen Wand von Blumen, die den unteren Teil des weißen Hauses deckte.

Ich sagte, er müsse ein besonderer Freund dieser Blumen sein, da er so viele Arten hege, und da die Pflanzen hier in einer Vollkommenheit zu sehen seien wie sonst nirgends.

»Ich liebe diese Blume allerdings sehr«, antwortete er, »halte sie auch für die schönste, und weiß wirklich nicht mehr, welche von diesen beiden Empfindungen aus der andern hervorgegangen ist.«

»Ich wäre auch geneigt«, sagte ich, »die Rose für die schönste Blume zu halten. Die Kamelia steht ihr nahe, dieselbe ist zart, klar und rein, oft ist sie voll von Pracht; aber sie hat immer für uns etwas Fremdes, sie steht immer mit einem gewissen vornehmen Anstande da: das Weiche, ich möchte den Ausdruck gebrauchen, das Süße der Rose hat sie nicht. Wir wollen von dem Geruche gar nicht einmal reden; denn der gehört nicht hieher.«

»Nein«, sagte er, »der gehört nicht hieher, wenn wir von der Schönheit sprechen; aber gehen wir über die Schönheit hinaus und sprechen wir von dem Geruche, so dürfte keiner sein, der dem Rosengeruche an Lieblichkeit gleichkömmt.«

»Darüber könnte nach einzelner Vorliebe gestritten werden«, antwortete ich, »aber gewiß wird die Rose weit mehr Freunde als Gegner haben. Sie wird sowohl jetzt geehrt, als sie in der Vergangenheit geehrt wurde. Ihr Bild ist zu Vergleichen das gebräuchlichste, mit ihrer Farbe wird die Jugend und Schönheit geschmückt, man umringt Wohnungen mit ihr, ihr Geruch wird für ein Kleinod gehalten und als etwas Köstliches versendet, und es hat Völker gegeben, die die Rosenpflege besonders schützten, wie ja die waffenkundigen Römer sich mit Rosen kränzten. Besonders liebenswert ist sie, wenn sie so zur Anschauung gebracht wird wie hier, wenn sie durch eigentümliche Mannigfaltigkeit und Zusammenstellung erhöht und ihr gleichsam geschmeichelt wird.

Erstens ist hier eine wahre Gewalt von Rosen, dann sind sie an der großen weißen Fläche des Hauses verteilt, von der sie sich abheben; vor ihnen ist die weiße Fläche des Sandes, und diese wird wieder durch das grüne Rasenband und die Hecke wie durch ein grünes Samtband und eine grüne Verzierung von dem Getreidefelde getrennt.«

»Ich habe auf diesen Umstand nicht eigens gedacht«, sagte er, »als ich sie pflanzte, obwohl ich darauf sah, daß sie sich auch so schön als möglich darstellten.«

»Aber ich begreife nicht, wie sie hier so gut gedeihen können«, entgegnete ich. »Sie haben hier eigentlich die ungünstigsten Bedingungen. Da ist das hölzerne Gitter, an das sie mit Zwang gebunden sind, die weiße Wand, an der sich die brennenden Sonnenstrahlen fangen, das Überdach, welches dem Regen, Taue und dem Einwirken des Himmelsgewölbes hinderlich ist, und endlich hält das Haus ja selber den freien Luftzug ab.«

»Wir haben dieses Gedeihen nur nach und nach hervorrufen können«, antwortete er, »und es sind viele Fehlgriffe getan worden. Wir lernten aber, und griffen die Sache dann der Ordnung nach an. Es wurde die Erde, welche die Rosen vorzüglich liebten, teils von anderen Orten verschrieben, teils nach Angabe von Büchern, die ich hiezu anschaffte, im Garten bereitet. Ich bin wohl nicht ganz unerfahren hieher gekommen, ich hatte auch vorher schon Rosen gezogen, und habe hier meine Erfahrungen angewendet. Als die Erde bereit war, wurde ein tiefer, breiter Graben vor dem Hause gemacht und mit der Erde gefüllt. Hierauf wurde das hölzerne Gitter, welches reichlich mit Ölfarbe bestrichen war, daß es von Wasser nicht in Fäulnis gesetzt werden konnte, aufgerichtet, und eines Frühlings wurden die Rosenpflanzen, die ich entweder selbst gezogen oder von Blumenzüchtern eingesendet erhalten hatte, in die lockere Erde gesetzt. Da sie wuchsen, wurden sie angebunden, im Laufe der Jahre versetzt, verwechselt, beschnitten und dergleichen, bis sich die Wand allgemach erfüllte. In dem Garten sind die Vorratsbeete angelegt worden, gleichsam die Schule, in welcher die gezogen werden, die einmal hieher kommen sollen. Wir haben gegen die Sonne eine Rolle Leinwand unter dem Dache anbringen lassen, die durch einige leichte Züge mit Schnüren in ein Dach über die Rosen verwandelt werden kann, das nur gedämpfte Strahlen durchläßt. So werden die Pflanzen vor der zu heißen Sommersonne und die Blumen vor derjenigen Sonne geschützt, die ihnen schaden könnte. Die heutige ist ihnen nicht zu heiß, Ihr seht, daß sie sie fröhlich aushalten. Was Ihr von Tau und Regen sagt, so steht das Gitter nicht so nahe an dem Hause, daß die Einflüsse des freien Himmels ganz abgehalten werden. Tau sammelt sich auf den Rosen, und selbst Regen träufelt auf sie herunter. Damit wir aber doch nachhelfen und zu jener Zeit Wasser geben können, wo es der Himmel versagt, haben wir eine hohle Walze unter der Dachrinne, die mit äußerst feinen

Löchern versehen ist, und aus Tonnen, die unter dem Dache stehen, mit Wasser gefüllt werden kann. Durch einen leichten Druck werden die Löcher geöffnet, und das Wasser fällt wie Tau auf die Rosen nieder. Es ist wirklich ein angenehmer Augenblick zu sehen, wie in Zeiten hoher Not das Wasser von Blättern und Zweigen rieselt und dieselben sich daran erfrischen. Und damit es endlich nicht an Luft gebricht, wie Ihr fürchtet, gibt es ein leichtes Mittel. Zuerst ist auf diesem Hügel ein schwacher Luftzug ohnehin immer vorhanden und streicht an der Wand des Hauses. Sollten aber die Blumen an ganz stillen Tagen doch einer Luft bedürfen, so werden alle Fenster des Erdgeschosses geöffnet, und zwar sowohl an dieser Wand als auch an der entgegengesetzten. Da nun die entgegengesetzte Seite die nördliche ist und dort die Luft durch den Schatten abgekühlt wird, so strömt sie bei jenen Fenstern herein und bei denen der Rosen heraus. Ihr könnt da an den windstillen Tagen ein sanftes Fächeln der Blätter sehen.«

»Das sind bedeutende Anstalten«, erwiderte ich, »und beweisen Eure Liebe zu diesen Blumen; aber aus ihnen allein erklärt sich doch noch nicht die besondere Vollkommenheit dieser Gewächse, die ich nirgends gesehen habe, so daß keine unvollkommene Blume, kein dürrer Zweig, kein unregelmäßiges Blatt vorkömmt.«

»Zum Teile erklärt sich die Tatsache doch wohl aus diesen Anstalten«, sagte er. »Luft, Sonne und Regen sind durch die südliche Lage des Standortes und die

Vorrichtungen so weit verbessert, als sie hier verbessert werden können. Noch mehr ist an der Erde getan worden. Da wir nicht wissen, welches denn der letzte Grund des Gedeihens lebendiger Wesen überhaupt ist, so schloß ich, daß den Rosen am meisten gut tun müsse, was von Rosen kömmt. Wir ließen daher seit jeher alle Rosenabfälle sammeln, besonders die Blätter und selbst die Zweige der wilden Rosen, welche sich in der ganzen Gegend befinden. Diese Abfälle werden zu Hügeln in einem abgelegenen Teile unseres Gartens zusammengetan, den Einflüssen von Luft und Regen ausgesetzt, und so bereitet sich die Rosenerde. Wenn in einem Hügel sich keine Spur mehr von Pflanzentum zeigt und nichts als milde Erde vor die Augen tritt, so wird diese den Rosen gegeben. Die Pflanzen, welche neu gesetzt werden, erhalten in ihrem Graben gleich so viel Erde, daß sie auf mehrere Jahre versorgt sind. Ältere Rosen, welche von ihrem Standboden längere Jahre gezehrt haben, werden mit einer Neuerung beteilt. Entweder wird die Erde oberhalb ihrer Wurzeln weggetan und ihnen neue gegeben, oder sie werden ganz ausgehoben, und ihr Standpunkt durchaus mit frischer Erde erfüllt. Es ist auffällig sichtbar, wie sich Blatt und Blume an dieser Gabe erfreuen. Aber trotz der Erde und der Luft und der Sonne und der Feuchtigkeit würdet Ihr die Rosen hier nicht so schön sehen, als Ihr sie seht, wenn nicht noch andre Sorgfalt angewendet würde; denn immer entstehen manche Übel aus Ursachen, die wir nicht er-

gründen können, oder die, wenn sie auch ergründet
sind, wir nicht zu vereiteln vermögen. Endlich trifft ja
die Gewächse wie alles Lebende der natürliche Tod.
Kranke Pflanzen werden nun bei uns sogleich ausgehoben, in den Garten, gleichsam in das Rosenhospital,
getan, und durch andere aus der Schule ersetzt. Abge-
storbene Bäumchen kommen hier nicht leicht vor, weil
sie schon in der Zeit des Absterbens weggetan werden.
Tötet aber eine Ursache eines schnell, so wird es ohne
Verzug entfernt. Eben so werden Teile, die erkranken
oder zu Grunde gehen, von dem Gitter getrennt. Die
beste Zeit ist der Frühling, wo die Zweige bloß liegen.
Da werden Winkelleitern, die uns den Zugang zu allen
Teilen gestatten, angelegt, und es wird das ganze Gitter
untersucht. Man reinigt die Rinde, pflegt sie, verbindet
ihre Wunden, knüpft die Zweige an und schneidet das
Untaugliche weg. Aber auch im Sommer entfernen wir
gleich jedes fehlerhafte Blatt und jede unvollständige
Blume. Es haben nach und nach alle im Hause eine Nei-
gung zu den Rosen bekommen, sehen gerne nach, und
zeigen es sogleich an, wenn sich etwas Unrechtes bemerken läßt. Auch in der Umgegend hat man Wohlgefallen
an diesen Blumen gefunden, man setzt sie in Gärten und
pflegt sie, ich schenke den Leuten die Pflanzen aus meinen Vermehrungsbeeten und unterrichte sie in der Behandlung. Zwei Wegestunden von hier ist ein Bauer,
der wie ich eine ganze Wand seines Hauses mit Rosen
bepflanzt hat.«

»Je mehr es mir wichtig erscheint, wie Ihr mit Euren Rosen umgeht«, antwortete ich, »und für je wichtiger Ihr sie selbst betrachtet, desto mehr muß ich doch die Frage tun, warum Ihr denn gerade vorzugsweise an dieser Wand Eures Hauses die Rosen zieht, wo ihr Standort doch nicht so ersprießlich ist, und wo man solche Anstalten machen muß, um ihr völliges Gedeihen zu sichern. Es ist zwar sehr schön, wie sie sich hier ausbreiten und darstellen; aber sollte man sie denn im Garten nicht auch in Stellungen oder Gruppen bringen können, die eben so schön oder schöner wären als diese hier, und noch den Vorteil hätten, daß ihre Pflege viel leichter wäre?«

»Ich habe die Rosen an die Wand des Hauses gesetzt«, erwiderte er, »weil sich eine Jugenderinnerung an diese Blume knüpft und mir die Art, sie so zu ziehen, lieb macht. Ich glaube, daß mir einzig darum die Rose so schön erscheint, und daß ich darum die große Mühe für diese Art ihrer Pflege verwende.«

»Ihr habt nichts von Ungeziefer gesagt«, entgegnete ich. »Nun weiß ich aber aus Erfahrung, daß kaum eine Pflanzengattung, etwa die Pappel ausgenommen, so gerne von Ungeziefer heimgesucht wird als die Rose, die in verschiedenen Arten und Geschlechtern von demselben bewohnt und entstellt wird. Hier sehe ich von dieser Plage gar nichts, als wäre sie nicht vorhanden oder als würde die Rose von ihr durch irgendein künstliches Mittel befreit. Ihr werdet doch nicht, so wie jedes kranke

Blatt, auch jeden Blattwickler, jede Spinne, jede Blattlaus abnehmen lassen? Aber dieses bringt mich sogar noch auf einen weiteren Umstand, über den ich mir eine Frage an Euch zu tun vorgenommen habe, welche ich gewiß noch vor meiner Abreise bei einer schicklichen Gelegenheit getan hätte, welche ich mir aber jetzt erlaube, da Ihr mit solcher Güte und Bereitwilligkeit mir die Einsicht in die Dinge dieses Landsitzes gestattet habt. Bei meiner Wanderung durch das flache Land hatte ich mehrfach die Gelegenheit zu bemerken, daß Obstbäume häufig kahle Äste haben, oder daß überhaupt das Laub zerstört oder verunstaltet war, was von Raupenfraß herrührte. Mir fiel die Sache nicht weiter auf, da ich sie von Jugend an zu sehen gewohnt war, und da sie sich nicht in einem ungewöhnlichen Grade zeigte; aber das fiel mir auf, daß so wie an diesen Rosen auch in Eurem ganzen Garten nichts von dem Übel zu sehen ist, kein dürres Reis, kein kahles Zweiglein, kein Stengel eines abgefressenen Blattes, ja nicht einmal ein verletztes Blatt des Kohles, dem doch sonst der Weißling so gerne Schaden tut. Im Angesichte dieses Wohlbefindens kamen mir die Zerstörungen wieder zu Sinne, die ich in dem Lande gesehen hatte, und ich beschloß, in dieser Hinsicht eine Frage an Euch zu tun, ob Ihr denn da eigentümliche Vorkehrungen habt; denn das Ablesen der Raupen und Insekten hat sich ja überall als unzulänglich gezeigt. «

»Wir würden allerdings durch Ablesen des Ungezie-

fers weder unsere Rosen noch die Bäume und Gesträu-
che im Garten vor Verunglimpfung frei halten können«,
antwortete er. »Wir haben nun in der Tat andere Einrichtungen dagegen. Ich muß Euch sagen, daß es mich
freut, daß Ihr in meinem Garten die Abwesenheit des
Raupenfraßes bemerkt habt, und ich werde Euch recht
gerne darüber Aufklärung geben, und besonders
darum, daß es sich auch ausbreiten könne. Die Beant-
wortung Eurer Frage kann aber am besten in dem Garten geschehen, weil ich Euch zur Bekräftigung gleich
manche Vorrichtungen zeigen und die Beweise dartun
kann. Wenn es Euch genehm ist, so gehen wir in den
Garten, in welchem auch eine kleine Ruhe auf irgend
einem Bänkchen nach dem Gange von dem Meierhofe
herauf nicht unangenehm sein wird.«

»Einen Augenblick laßt mich noch diese Rosen be-
trachten«, sagte ich.

»Tut nach Eurem Gefallen«, antwortete er.

JO HANNS RÖSLER
Die Sonnenrosen des Herrn S.

Herr Seffrin wohnte schon ein paar Jahre etwas außerhalb unserer Stadt, als ich das Nachbarhaus mietete. Er hatte einen Teil des Jagdgebietes, das bis zum Rand seines Grundstücks reichte, gepachtet, und ich begegnete ihm manchmal auf meinen Spaziergängen durch die dichten Tannenwälder. Wir grüßten uns, sprachen gelegentlich auch ein paar belanglose Worte miteinander, zu einem engeren nachbarlichen Verkehr kam es nicht, nun ja, es waren auch keine Frauen vorhanden, die den nachbarlichen Umgang pflegten, wir waren beide Junggesellen und fanden keinen Grund, uns zu befreunden.

Dem Augenschein nach mußte Herr Seffrin in einem gewissen Wohlstand leben, ich sah ihn keinem Gewerbe und keinem Beruf nachgehen, es sei denn, daß er gelegentlich Früchte aus seinem Garten verkaufte, doch erschien mir dies eher eine Laune als eine Notwendigkeit. Das Merkmal seines Gartens waren kleine Beete, auf denen er Sonnenrosen züchtete, Sonnenrosen ganz besonderer Art, mit blutroten Blättern, leuchtend wie Sonnen beim Untergang, wenn ein Unwetter aufzieht, riesenhafte Sonnen, wie ich sie in dieser Vollkommenheit noch nie gesehen hatte. Immer wieder legte er neue

Beete an, im Geviert, nur wenig mehr als zwei Meter in der Länge und einen Meter in der Breite. Eine zweite Gewohnheit meines Nachbarn möchte ich gleich hier aufzeichnen, da sie eine wichtige Rolle spielen wird: Herr Seffrin sammelte Teppiche, besonders schöne und antike Stücke, seltene Bocharas, alte Anatols und Kirmans von Sammlerwert, auch Kameltaschen darunter, wie die Leute erzählten.

Wir lebten fast zwei Jahre nebeneinander, ohne daß sich irgend etwas in unseren Häusern ereignete, das des Erzählens wert wäre. Gelegentlich sah ich einen Besucher in das Haus meines Nachbarn gehen, Männer, die ich nicht kannte und die auch nicht aus unserer Stadt schienen, denn manchmal fragten sie mich am Gartenzaun nach dem Weg. Ich deutete dann zu dem nur fünf Steinwürfe entfernten Haus des Herrn Seffrin hinüber, der Fremde grüßte, und ich hielt weiter kein Augenmerk auf ihn. Die Fenster meines Arbeitszimmers lagen nach der anderen Seite hinaus, und erst am nächsten Morgen sah ich Herrn Seffrin wieder in seinem Garten arbeiten und ein neues Sonnenrosenbeet anlegen.

Der Zufall spielte mir eines Tages einen offenen Brief zu, als Geschäftspapiere bezeichnet, der versehentlich in meine Post geraten und an Herrn Seffrin adressiert war. Ich fand die Rechnung einer großen süddeutschen Zeitung darin für ein sechsmal in Monatsfolge eingerücktes Inserat: »Echte Orientteppiche, weit unter Preis nur gegen bar abzugeben, Chiffre...«

Ich war ein wenig verwundert, denn ich wußte nicht, was meinen Nachbarn zwang, Stücke aus seiner Sammlung zu verkaufen. Wir hatten uns gerade in der letzten Zeit ein paarmal auf einer Versteigerung getroffen, und er hatte einige besonders seltene und teure Stücke erstanden. Not konnte es also nicht sein, und noch unverständlicher erschien mir, daß er Teppiche in einer Zeitung ausschrieb, die so weit entfernt von seinem Wohnort war. Warum war er nicht auf das Nächstliegende verfallen, sie mir anzubieten, da er um mein Interesse wußte? Ich grübelte nicht lange darüber nach, sondern benutzte die Gelegenheit, als ich den Brief hinübertrug, ihn darum anzusprechen. Nein, sagte er überraschend heftig, er verkaufe keine Teppiche, die Sache mit dem Inserat beruhe auf einem Irrtum. Ich gab so leicht nicht nach und wiederholte meinen Wunsch und deutete auf einen Wandteppich mit ländlichen Szenen, für den ich jederzeit bereit wäre, ein Vermögen zu zahlen. Er sah mich eine Weile stumm von der Seite an, dann fragte er heiser:

»Würden Sie den Teppich in bar bezahlen?«

»Natürlich. Wenn Sie es wünschen?«

Er nannte einen Preis, der durchaus human war. Aber er wiederholte seine Bedingung, daß der Kauf Zug um Zug gehen müsse, in bar auf den Tisch, es wäre am besten, ich käme heute abend auf ein Glas Wein zu ihm herüber, um das Geschäft perfekt zu machen. Ich könnte dann den Teppich gleich mitnehmen, aber wie gesagt – Zug um Zug!

Herr Seffrin empfing mich am Abend mit einer Gast-freundschaft, wie ich sie nicht vorausgesehen hatte. Er hatte den Tisch festlich gedeckt, Kerzen brannten, und er wies mir einen Stuhl an, von dem aus ich den Wand-teppich unmittelbar vor mir hatte. Die schweren silber-nen Kandelaber mit den Kerzen waren so aufgebaut, daß sie meinen Blick auf den Teppich nicht hinderten und die Farben des Gobelins besonders schön zum Leuchten brachten. Ich dankte ihm für die Aufmerksamkeit, er hob den kostbaren Pokal mit dem roten Wein und deu-tete mir an, es ihm gleichzutun.

»Ich hoffe, den richtigen Burgunder für diese Stunde gefunden zu haben«, sagte er ein wenig feierlich, »ich nehme an, Sie haben das Geld bei sich.«

»Ja. Einen Scheck auf meine Bank.«

Er ließ den Pokal sinken.

»Einen Scheck?«

»Ja.«

»Wir hatten bares Geld vereinbart!« sagte er scharf und sprang auf, »ich konnte annehmen, daß Sie sich an unsere Vereinbarung halten!« Damit griff er zornig nach meinem Glas, riß es mir aus der Hand und schleu-derte es so heftig zu Boden, daß es zerklirrte. Er war mit eins so verwandelt, wie ich ihn noch nie gesehen hatte.

»Einen Scheck! Welche Blasphemie! Sie scheinen mich mit einem Händler zu verwechseln!« rief er höh-nisch und schaltete den großen Leuchter über uns ein, daß das grelle Licht schlagartig auf die sonderbare Szene fiel, »Sie haben Ihre Chance verpaßt, mein Herr! Betreten Sie in Zukunft mein Haus nicht mehr! Guten Abend!«

Das war alles so schnell vor sich gegangen, daß ich gar nicht dazu kam, etwas zu erwidern. Ich ging, über mein eigenes Unvermögen verärgert, nach Hause und habe das Haus meines Nachbarn nie wieder betreten. Es ist jetzt eigentlich nichts mehr zu berichten bis auf die Tatsache, daß einige Monate später zwei Herren der Kriminalpolizei bei mir erschienen, um mich in der Mordsache Seffrin zu vernehmen. Herr Seffrin hatte durch Inserate, die er in verschiedenen großen Zeitungen aufgab, Interessenten für Teppiche in sein Haus gelockt und sie während der Kaufverhandlung durch vergifteten Wein ermordet und beraubt. Man fand über zwanzig Leichen in seinem Garten vergraben. Sie lagen unter kleinen Blumenbeeten, im Geviert, zwei Meter lang, einen Meter breit. Auf diesen Beeten blühten Sonnenrosen.

THOMAS DEGERING
Mein Nachbar Kroll

Mein Nachbar Kroll ist Buchhalter von Beruf und an und für sich ein Nachbar, zu dem man sich nur beglückwünschen kann. Er wohnt im Haus nebenan, und wäre immer Winter, es herrschte zwischen uns das schlechthin ideale Nachbarschaftsverhältnis. Wenn der Schnee lautlos vom Himmel fällt und Krolls Garten unter einer dichten weißen Decke liegt, bin ich geneigt zu wünschen, daß es mehr Krolls unter den Menschen gäbe. Denn niemals dringt Heimwerkerkrach aus Krolls Haus, nie hört er Techno, nie macht er sonst irgendeinen quälenden Lärm. Damit ist er ein völlig atypisches Exemplar von Nachbar, das muß man zugeben. Im Winter wirkt es geradezu, als existiere Kroll überhaupt nicht, so ruhig lebt er. Sagen Sie selbst: Wo trifft man denn solch einen Nachbarn?

Als er ins Haus nebenan einzog, hörte man selbst bei diesem Anlaß nichts von ihm. Kroll zog in aller Stille ein, wie es eben seinem angenehmen Naturell entsprach. Einige Zeit nachdem er sich eingerichtet hatte, lud er mich einmal freundlicherweise zum Nachmittagstee ein. Nach dem Teetrinken führte Kroll mich in seine Garage. Ich dachte, er wolle mir sein Auto zeigen. Es war Winter, und Krolls Garten lag unter einer Schnee-

decke. In der geräumigen Garage knipste er den Licht-
schalter an. Aber es war kein Auto zu sehen. Es hätte
hier auch sowieso keinen Platz gehabt. Krolls Auto
stand deswegen draußen vor der Garage. Was ich erblickte, war etwas ganz anderes: eine Art Fuhrpark,
könnte man sagen – eine Art Fuhrpark für tausend große
und kleine Gartenarbeitsgeräte. Mir stand der Mund
offen. So viele Gartenarbeitsgeräte auf einem Haufen
hatte ich noch nirgendwo auf der Welt gesehen. Kroll
erfreute sich sichtlich an meinem offenen Mund. Auf
seinen Wangen bildeten sich rote Flecken. Beseligt fing
er an zu erläutern.

»Sehen Sie hier!« sagte er. »Mein Prunkstück – der
Rasentraktor! Ich habe ihn mir zugelegt, um große
Rasenflächen in kürzerer Zeit bearbeiten zu können!
Schnittbreite: 102 Zentimeter! Maximale Motorlei-
stung: 16 PS! Gegenläufiges Zwei-Messer-Syncron-
Turboschneidesystem! Flächenleistung: 5100 Quadratmeter pro Stunde! Grasfangkorb, Einachskipper, Ra-
senlüfter, Kehrmaschine, alles inklusive! Na – was
sagen Sie dazu?!«

Ich sagte zunächst gar nichts. Ich besah mir den Traktor ungläubig. Er sah für mich aus wie ein Spielzeug-
traktor, nur viel größer natürlich. »Aber – Sie haben
doch lediglich – einen... mittelgroßen Garten und keinen riesigen Park und... und erst recht keine...
Weide!« bemerkte ich schließlich perplex. »Wozu benö-
tigen Sie denn...« Kroll ging hierauf nicht ein. »Für

kleinere Flächen, welche dem Traktor nicht zugänglich sind«, fuhr er eifrig fort, »setze ich den normalen Turborasenmäher ein! Kraftvoller Benziner! Schnittbreite: 46 Zentimeter! Maximale Leistung: 3,7 Kilowatt/5 PS! Zentrale, stufenlose Schnitthöheneinstellung! Großer, aufklappbarer Fangkorb, 52 Liter! Zuschaltbare Lüfterwalze, für die extrem schonende Entfernung von Moos und Rasenfilz! Was sagen Sie dazu?!«

Er blickte mich begeistert an. Ich besah mir pflichtgemäß auch den Rasenmäher. Es war ein hübscher roter Apparat mit schwarzen Rädern und beigefarbenen Radkappen und schwarzem Motor und grünem Graskorb. Ein Odem von starker Leistungsfähigkeit ging von ihm aus. Ich mußte irgend etwas sagen und sagte deswegen humorig, daß ich richtig platt sei – so platt wie jeder Rasen nach einer Behandlung mit diesem robusten Plattmacher. Ich dachte, Kroll würde über diesen Witz lachen, aber er verzog nicht einmal den Mund.

»Sehen Sie hier!« erläuterte er statt dessen weiter. »Die Elektrosense – 1000 Watt! Und außerdem drei Turborasentrimmer, je 350 Watt, 24 Zentimeter Schnittbreite! Ideal für Gestrüpp, Wildwuchs, Rasenkanten und so weiter! Einsatz überall dort, wo der Rasenmäher nicht faßt! Und hier: der Laubsauger! 1000 Watt, Häckselwerk inklusive Fangsack! Drei Funktionen: Saugen – blasen – häckseln, einfache Umschaltung von Saugen auf Blasen durch Kippschalter-Betätigung, zusätzlich Papierfilter-Einsatz für Aufnahme von

Staub- und Kleinstmaterialien! Was sagen Sie jetzt?!«
Ich sagte lediglich: »Donnerwetter!« – »Und dann hier!
Meine Elektro-Heckenschere! 400 Watt! Schwertlänge
68 Zentimeter mit Motor-Schnellstopp!... Außerdem
mehrere Gartenkrallen!... Last not least: die Häckselmaschine! 2300 Watt! Frischholzdurchsatz bis 4,5 Zentimeter Durchmesser! Innovative Schneid- und
Quetschtechnik! Sicherheitsfangbox!« – »Aber gehäck-
selt haben Sie doch schon mit irgendwas anderem!«
sagte ich, ich hatte aufgepaßt. »Das Häckselwerk des
Laubsaugers, auf den Sie anspielen, ist nur für Kleinst-
häckselgut geeignet«, belehrte mich Kroll. »Ach so!«
sagte ich. »Weiter!« sagte Kroll. »Hier ist der Schlauch-
wagen mit dem 60-Meter-Bewässerungsschlauch!« Ich
versuchte, einen zweiten Scherz anzubringen. »Na, den
brauchen Sie ja im Moment nicht so dringend«, sagte
ich. »Was? Äh – nein!« antwortete Kroll ein wenig ver-
wirrt. »Es ist ja Winter!... Aber warten Sie nur, bis erst
der Frühling kommt! Dann – dann...« Er hob die
Stimme und machte eine Handbewegung, die nichts
Gutes verhieß. »Was – dann – dann?« fragte ich etwas
beunruhigt. »Dann«, sagte Kroll mit einem wahren
Leuchten auf seinem rechtschaffenen Buchhalterge-
sicht, »dann geht's endlich, *endlich* wieder richtig los!« –
»Wie – was geht endlich, endlich wieder richtig los?«
fragte ich. »Die Gartenarbeit natürlich!« Er zeigte mir
dann noch etliche Harken, Spaten, Schaufeln, Regen-
wurmkiller, Gebüsch-, Baum- und Schnittblumenzan-

gen und weiteres nützliches Gartenarbeitsgerät. Ich sagte schließlich, ich müßte nun nach Hause. »Auf gute Nachbarschaft!« rief Kroll mir nach, als ich davonging. »Jaja«, rief ich zurück und winkte ihm zerstreut zu.

Auf dem kurzen Weg zu mir wollte mir Krolls Fuhrpark nicht mehr aus dem Sinn gehen. Vor meinem inneren Auge sah ich den Schnee in Krolls Garten allmählich schmelzen. Ich fühlte es wärmer und wärmer und Frühling werden. Ich sah, wie das Gras in Krolls Garten grünte und wuchs… Unbestimmte Ahnungen stiegen in mir auf. Sie verflüchtigten sich wieder, als ich mir mein Abendbrot machte.

Und eines Samstagmorgens um genau sieben Uhr weckte mich ein fürchterlicher Lärm aus dem Schlummer. Entsetzt stürzte ich zum Fenster. Ich riß die Gardine zur Seite und schaute hinaus. Mein Nachbar Kroll saß kerzengerade, mit Helm und Blaumann angetan, auf seinem Spielzeugrasentraktor, der kein Spielzeugrasentraktor war.

Obgleich an diesem ersten warmen Frühlingstag das Frühlingsgras auch mit der Lupe kaum zu sehen war, mähte Kroll bis zum späten Abend. Erst nahm er sich »die großen Flächen« vor, dann, ungefähr gegen 14 Uhr, es war die Zeit der Mittagsruhe, warf er den Turborasenmäher an, um »die kleinen, dem Traktor nicht zugänglichen Flächen« zu erledigen. Das Resultat war das gleiche: ein unaufhörlicher, gleichmäßiger, nervtötender Höllenkrach. Ich lief wie ein gefangener Tiger durch meine Wohnung. Ich hielt es nicht mehr aus und steckte meinen platzenden Kopf aus dem Fenster. Ich brüllte aus Leibeskräften dreimal hintereinander: »ES IST WOCHENENDE, HERR KROLL!!!« Beim dritten Mal verstand Kroll, da er gerade unter meinem Fenster vorbeikam. »Ja – eben!« rief er. »Man hat ja nur am Wochenende richtig Zeit für die notwendigsten Gartenarbeiten! Da haben Sie es gut – Sie haben nur Ihren winzigen Vorgarten!« Kroll rückte seinen Helm zurecht. Ich donnerte mein Fenster zu, aus reinem Zufall blieb das Glas im Rahmen.

Den Nachmittag über verkroch ich mich im Heizungskeller. Obgleich es draußen warm war, stellte ich die Zentralheizung an. Deren beruhigendes Geräusch schirmte mich wirkungsvoll gegen den Turbomäher ab. Ich holte mir vom Boden eine alte Gartenliege und streckte mich entspannt aus. Erst gegen Mitternacht wagte ich mich wieder nach oben in meinen Wohntrakt. Das hatte ich gut abgepaßt. Alles war ruhig.

Der Rest des Wochenendes stand im Zeichen der Elektrosense, der elektrischen Heckenschere, der sympathischen Häckselmaschine sowie der anheimelnden Rasentrimmer. Sonntag abend wurde es auf einmal totenstill. Ich kam gerade aus dem Heizungskeller, um mir etwas zu essen zu holen, und schaute aus dem Fenster. Kroll war mit den Gartenkrallen und dem 60-Meter-Schlauch beschäftigt. Da atmete ich tief durch und setzte mich mit meiner Mahlzeit vor den Fernseher. Es kam die Sendung »Der Garten im Frühling«. Ich wechselte zu einem Kanal, wo Catchen im Schlamm auf dem Programm stand.

Am nächsten Morgen fühlte ich mich schlecht. Ich rief in meiner Firma an und sagte, ich könnte heute nicht zur Arbeit erscheinen. Danach wickelte ich mich auf meiner Wohnzimmercouch in eine Decke und schlief ein. Selige Lautlosigkeit wie sonst nur im Winter herrschte ringsherum. Um halb fünf Uhr ließ mich ein furchtbar heulendes Geräusch aufschrecken. Ich warf meine Decke auf den Fußboden und taumelte zum Fenster. Durch die Gardine hindurch sah ich Kroll in Helm und Blaumann. Er hatte seinen Laubsauger in der Hand. Es war immer noch Frühling und kein Blatt Laub zu sehen – aber Kroll saugte trotzdem, vermutlich Staub. Ich verließ fluchtartig meine Wohnung, wobei ich vergaß, meine Pantoffeln durch Straßenschuhe zu ersetzen. Ich suchte die nächste Polizeiwache auf. Der diensthabende Beamte riet mir, durchzuhalten und auf den nächsten Winter zu warten.

Frühling, Sommer und Herbst gingen langsam ins Land. Kroll arbeitete jeden Tag nach Dienstschluß und dann am Wochenende – nur dann hat man ja richtig Zeit für seinen Garten. Ruhe hatte ich nur, wenn er mal wieder sprengte oder es in Strömen regnete. Das waren überhaupt die besten Tage. Aber das Jahr war nicht besonders regenintensiv.

Eines Tages beschloß ich, den Versuch zu machen,

mich in mein Schicksal zu ergeben, nachdem ich mich hinreichend vergewissert hatte, wie es auf dem freien Wohnungsmarkt ausschaute. Ich folgte der verbreiteten Lebensweisheit, die da lautet: Akzeptiere die Dinge, die du nicht ändern kannst, obgleich sie mich eigentlich nicht überzeugte. Und mit der Zeit, unmerklich, wurden mir die Martertöne des Traktors, des Turbomähers, der Sense, der Heckenschere, der Häckselmaschine, der Rasentrimmer beinahe vertraut. Bei Anbruch des Herbstes begrüßte ich sogar den Laubsauger als lieben alten Bekannten. Trotzdem stahl ich ihn eines Nachts aus Krolls Garage und warf ihn in eine in einer entfernten Straße stehende Mülltonne. Den nächsten Tag erlebte ich in göttlichem Frieden. Am übernächsten hatte Kroll einen neuen Laubsauger, der noch lauter als der in der Mülltonne war. Da gab ich es endgültig auf. Ich habe mich mit den Fakten abgefunden. Man ist nicht allein auf der Welt.

Und ich bekomme ja jeden Winter Urlaub von Krolls Garten – das ist doch was! In dieser Jahreszeit gehe ich auch manchmal rüber zu ihm, und wir trinken einen Tee zusammen. Dann erzählt er mir stundenlang Buchhaltergeschichten. Er ist doch im ganzen ein netter Kerl.

Nachts träume ich häufig die gleiche merkwürdige Geschichte... Infolge eines unkontrollierten nervösen Anfalls habe ich meinen guten Nachbarn Kroll mit seiner eigenen elektrischen Heckenschere... und ihn anschließend bei Nacht und Nebel in seinem Garten begraben. Die Kriminalpolizei erscheint und befragt Krolls Nachbarn. Ich gebe zu Protokoll, daß Kroll ein höchst friedfertiger Mann gewesen sei und keinerlei Feinde gehabt habe.

Seit Kroll nicht mehr da ist, verwildert sein Garten vollkommen und ist zu einem wunderbaren Dschungel geworden. Für meinen Geschmack gibt es in der ganzen Gegend keinen schöneren Garten.

JUTTA MAKOWSKY
Geschenk vom Baum

Vielleicht sind uns nach diesem regennassen Sommer doch noch ein paar schöne Herbsttage beschert – und vielleicht sitzen dann noch ein paar unverwüstliche Optimisten im Biergarten: Da kann es dann passieren, daß es plötzlich »blobb« macht, weil ein Objekt von oben auf den Tisch gefallen ist. Die Reaktion der betroffenen Gäste ist eher positiv: »Hoppla«, sagen sie schmunzelnd, oder »da schau her!« Da hat also der alte Kastanienbaum seinen Stammgästen ein Geschenk gemacht zum Dank für fleißiges Druntersitzen, von den ersten Blütenkerzen bis zu den stachligen Früchten, die er jetzt aufplatzen läßt.

So eine gemeine Roßkastanie ist halt was Schönes: so glänzend schokoladenbraun, so frisch ausgeschlüpft. Selbst wenn sie mit Schwung in einen gefüllten Maßkrug plumpst, kann das unmöglich das Reinheitsgebot verletzen. Zugegeben: Eine Nuß, überm Brotzeittisch abgeworfen, wäre nützlicher. Und wenn's eine Edelkastanie wär', könnte man Maroni braten – aber die kriegen wir bald genug wieder in der Fußgängerzone vorgesetzt. Die gemeine Roßkastanie taugt nur als Viehfutter. Leider fressen die Viecher nicht mit den Augen; sonst würden sie die Pracht erst eine Weile anschauen und mit der Schnauze genüßlich in dem glatten glänzenden Haufen herumwühlen, bevor sie anfangen zu mampfen.

Früher sammelten die Kinder mehrere Kilo, um damit im Tierpark ihr Taschengeld aufzubessern. Oder man schleppte das Zeug bei Sonntagsausflügen säckeweise in den Wald und leerte es in die Futterkrippen aus. Macht das heute noch jemand? Sind Kinder und Kastanien noch immer unzertrennlich?

Wenn man in diesen Wochen so kurz nach zwölf mittags die Erstkläßler heimgehen sieht und merkt schon an ihrem behutsamen Gang, daß sie etwas Wertvolles vor sich hertragen, dann sind das die Männchen und Tiere aus Kastanien, die sie in der Schule angefertigt haben. Fast in jeder Familie stehen oder standen einmal solche Kunstwerke auf Streichholzbeinen herum. Ausgediente Mütter, wenn sie so was sehen, kriegen da leicht eine kleine Kastaniennostalgie. Schön war die Zeit...

Aber Schönheit ist vergänglich, auch bei den Kastanien; sie bleiben nicht lange so glatt und glänzend. Ähnlich wie die Luftballons vom Sommerfest schrumpeln sie ein und werden unansehnlich. Unsere Versuche, eine besonders kunstvoll gestaltete Giraffe mit farblosem Lack zu überziehen und so der Nachwelt zu erhalten, sind damals gescheitert.

Aber inzwischen ist ja vieles erfunden worden – und womöglich gibt es bereits ein Kastanienspezialkonser-

vierungsmittel? Falls nicht, sollte sich ein findiger Kopf
schleunigst etwas einfallen lassen; dann wäre auch noch
diese winzige Marktlücke gefüllt...

Wenn die Hecken im Garten geschnitten werden müssen, dann erledige ich das immer selbst. Dazu benutze ich eine ganz gewöhnliche Gartenschere, der ich alle fünf Minuten eine wohlverdiente Pause gönne, während ich meinen Rücken strecke, mir eine Pfeife anstecke und mich umblicke. Als ich gestern genau das tat, lief unser Nachbar Mortensen zur Vollform auf und schnitt ein paar der kleineren Zweige von seiner herrlichen japanischen Zierkirsche. Ich sah ihm höchst interessiert zu.

Mariane kam zu mir.

»Unsere Zierkirsche könnte durchaus auch einmal geschnitten werden«, meinte sie. »Die Zweige hängen ja fast bis auf den Boden. Hatten wir nicht mal eine Hekkenschere?«

»Sicher«, nickte ich. »Hatten wir. Doch das war vor langer Zeit. Es ist die, mit der Mortensen da gerade frohgemut herumwerkelt, als wäre es seine eigene.«

»Willst du damit etwa sagen, daß das unsere Heckenschere ist?«

»Ja.«

»Er hat sie sich geborgt?«

»Ja.«

»Wann?«

»Oh, vor etwa fünf oder sechs Jahren.«

»Na, dann geh hinüber und hole sie. Sag ihm, du wärst der Meinung, er hätte sie nun lange genug gehabt.«

»Unmöglich. Er hat mit Sicherheit längst vergessen, daß es unsere Schere ist. Er könnte ganz schön grob werden, wenn ich da plötzlich ankomme und behaupte, es wäre unsere Schere. Vor langer Zeit hat er sich auch meinen Schraubenschlüssel für seine Zentralheizung geliehen und vergessen, ihn zurückzugeben. Wenn ich hinübergehe und sie zurückverlange, erreiche ich nur eins: Daß er wütend wird. Er würde ins Haus rennen und seiner Frau davon erzählen. Und die würde mit schmalen Lippen sagen: ›Dieser Schreiberling da hat vielleicht Nerven, uns zu beschuldigen, wir würden sein Eigentum behalten. Als würden wir nicht stets das unverzüglich zurückgeben, was wir uns geborgt haben.‹ Und dann geht das Theater los. Sie hören auf, uns zu grüßen. Sie sagen ihren Kindern, sie dürften nicht mehr mit unseren Enkelkindern spielen. Dann fängt er an, sein Auto so zu parken, daß ich kaum aus der Garage komme. Ich weiß doch, wie das ist. Nie und nimmer, meine Liebe. Man muß seine Nachbarn mit Samthandschuhen anfassen, wenn...«

Ich brach ab. Mortensen kam an die Hecke. Er nahm einen tiefen Zug aus seinem zerbissenen Zigarrenstummel. Dann meinte er:

»Na, schneiden Sie mal wieder Ihren Sauerampfer?«

»Irgend jemand muß es ja tun. Also mache ich es selbst. Auf keinem meiner Hunderter steht ›Gärtner‹ geschrieben.«

»Klingt vernünftig. Aber wäre es nicht wesentlich einfacher, wenn Sie eine Heckenschere hätten? Ich kann Ihnen meine borgen.«

»Ich komme mit dieser kleinen Gartenschere sehr gut zurecht. Sie liegt gut in der Hand. Aber trotzdem, vielen Dank...«

»Wie Sie wollen. Aber Sie wissen, daß Sie jederzeit zu mir kommen können, falls Sie mal was brauchen.«

Er rollte seinen Zigarrenstummel hin und her und fuhr dann höchst witzig fort: »Das heißt, solange es nicht meine Frau oder ein Tausender ist. Beim Tausender würde ich auf keinen Fall mitmachen. Haha!«

»Nein, von diesen Dingern brauchte man ja auch gleich ein Dutzend«, gab ich ähnlich witzig zurück. Dann warf Mortensen seine Zigarre in Marianes Rosenbeet und trabte mit meiner Heckenschere in seinen Geräteschuppen. Ich fuhr fort, meinen Sauerampfer zu schneiden.

»Du hast deine Chance vertan«, stellte Mariane fest.

»Welche Chance?«

»Du hättest sagen können, daß das deine Schere ist, daß es unsinnig wäre, deine eigene Schere zu leihen. Aber du hättest nichts dagegen, sie wiederzubekommen, da du der Meinung bist, er hätte sie lange genug...«

»Großer Gott! Du hast doch selbst gehört, daß der Mann behauptete, sie würde ihm gehören. Meinst du, ich schaffe mir wegen einer albernen kleinen Schere einen Feind fürs Leben? Nie und nimmer, meine Liebe. Wenn es jemanden gibt, mit dem man unbedingt in Frieden leben sollte, dann ist es der nächste Nachbar.«

Ich war gerade mit dem Sauerampfer fertig, als Johansen, mein Nachbar von gegenüber, auftauchte.

»Wenn Sie damit fertig sind«, sagte er und deutete auf meine Schere, »hätte ich sie gern zurück. Ich brauche sie gerade.«

»Sie hätten was gern zurück? Was meinen Sie?«

»Das ist meine Schere. Ich habe sie Ihnen vor etlichen Jahren geborgt.«

»Was Sie nicht sagen. Ich kann mich beim besten Willen nicht erinnern. Mariane – laß doch für einen Moment den Spaten Spaten sein, und komm mal her. Kannst du dich an diese Schere erinnern? Haben wir die nicht vor undenklicher Zeit zusammen mit dem Kultivator gekauft? Drüben im Garten-Center?«

»Ja, ich denke schon. Warum?«

»Weil Johansen – na ja, er ist gerade herübergekommen und behauptet, es wäre seine.«

Mariane warf ihm einen Blick zu, der ihn klaftertief ins Erdreich geschickt hätte, hätte er nicht zufällig sicher auf ein paar unserer robusten Steinplatten gestanden.

»Was Sie da sagen, kann nicht stimmen, Herr Johansen. Ich weiß ganz sicher, daß wir die Schere zusammen
mit ein paar anderen Dingen gekauft haben.«

»Nun, dann muß ich mich geirrt haben«, versicherte
Johansen hastig und machte sich auf den Rückzug zu
unserem Gartentor. »Verzeihen Sie mir meinen Irrtum«, fügte er noch nervös hinzu.

»Aber das macht doch nichts«, erwiderte ich, eine
Spur eingeschnappt.

Seither grüßen wir ihn nicht mehr. Also wissen Sie,
wir haben absolut nichts dagegen, hin und wieder ein
Gartengerät auszuleihen, und es geht auch in Ordnung,
wenn wir es nicht zurückbekommen. Doch die Beschul-
digung, die Sachen anderer Leute einfach zu behalten,
geht entschieden zu weit. Das ertragen wir nicht. Weder
Mariane noch ich. Und Johansen sollte besser nicht damit rechnen, daß ich ihn bei der nächsten Wahl der
Eigentümervereinigung in den Vorstand wähle.

Mit Sicherheit nicht.

Es ist ja nicht nur so, daß ich mit hundertprozentiger
Sicherheit weiß, daß wir diese Schere vor langer Zeit in
dem neuen Garten-Center gekauft haben, als wir uns
auch unseren Kultivator anschafften, sondern ich kann
mich sehr gut daran erinnern, daß ich meinen Namen in
den Holzgriff geritzt habe – nur so zur Sicherheit. Und
das beweist... Moment mal. Ich habe die Schere doch
hier auf den Schreibtisch gelegt, als ich anfing, das hier
zu schreiben. Stimmt, hier ist sie. Jetzt werde ich Ihnen

die Inschrift persönlich vorlesen. Da ist sie, klar und deutlich: Jo... hm... han... Es ist doch nicht so deutlich zu erkennen, wie ich dachte. Der Griff hat sich im Lauf der Jahre eben ein bißchen abgenutzt. Aber egal. Auf jeden Fall ist es eine ganz ausgezeichnete Schere.

Und das wär's. Stimmt's?

HUGO WIENER
Picknicks im Wald

Der Frühling war einmal die Jahreszeit, in der man in den Wald wanderte, um sich die ersten Blumen zu holen. Heute fliegt man nach Thailand und holt sich die zweite Gelbsucht. Aber nicht alle Menschen machen diese Mode mit. Meine Frau und ich z. B. – wir machen noch Ausflüge, wir ziehen noch ins Grüne – ja, wir machen noch

Es war ein herrlicher Frühlingsmorgen. Die Sonne schien vom Himmel, als ob sie dafür bezahlt bekäme.

»Weißt du schon, was wir heute machen werden?« fragte meine Frau.

»Nein«, antwortete ich nichtsahnend.

»Erinnerst du dich nicht mehr, was wir machten, bevor wir verheiratet waren?«

Natürlich erinnerte ich mich daran, aber heute? An einem so schönen Tag und nach so vielen Jahren?

»Wir gingen in den Wald«, setzte sie fort, »und machten ein Picknick.«

»Ach, *das* meinst du –?«

»Was denn hast du gedacht?«

»Nichts.«

Sie wurde schwärmerisch. »Ich weiß es noch ganz genau«, sagte sie. »Ich nahm ein Körbchen mit, mit Sa-

lamibrötchen, Schinkenbrötchen, verschiedenen Sala-
ten...«

»Ja. Und dann hatten wir Salamibrötchen mit Ameisen, Schinkenbrötchen mit Ameisen, verschiedene Salate mit Ameisen...«

»Das kann heute nicht mehr passieren. Da – schau
her!« Sie brachte einen Korb aus der Küche. »Ich habe
bereits alles gepackt. Heute nimmt man Konserven.
Man belegt immer nur *ein* Brötchen, und ehe die Ameisen kommen, sind die Büchsen wieder zu. Hier: Sardinen, Dosenfleisch, Schinken in Dosen, Brot in Dosen,
Wurst in Dosen, Butter in Dosen, Kompott in Dosen,
Bier in Dosen...«

»Bier in Dosen? Damit kannst du mich jagen.«

»Warum? Du öffnest die Dose mit den Fingern –«

»Ja – und habe schon zweimal die Finger mit der Dose
geöffnet.«

»Ich glaube, du hast keine Lust, in den Wald zu gehen«, meinte meine Frau etwas gereizt. »Willst du wieder lieber in dem finsteren, rauchigen, stickigen Kaffee-
haus sitzen?«

»Nein, nein!« beeilte ich mich zu versichern. »Ich
freue mich schon auf das Picknick.« Meine Frau nahm
noch ein Tischtuch, Eßbesteck, ein paar Teller und Gläser, und ab ging es. Eine Stunde später betraten wir den
herrlichen Nadelwald, in dem wir uns noch einmal an
unsere Jugend erinnern wollten – glücklich, selig und
voller Erwartungen.

»Hier hat sich nichts verändert!« sagte meine Frau und atmete den Duft von Tannen, Fichten und Föhren ein.

»Dieses Grün, diese Luft!«

»Diese Zecken!« setzte ich fort. »Mir ist soeben eine auf den Kopf gefallen.«

»Die gibt es nur hier, später gibt es keine Zecken mehr.«

Ich weiß nicht, woher meine Frau diese Weisheit hatte, aber ich glaubte ihr. Ich *wollte* ihr glauben, sonst wäre ich nicht weitergegangen. Es gibt nichts, was ich so fürchte wie Zecken. Andererseits bin ich nicht geimpft, weil es nichts gibt, was ich so fürchte wie die Impfung gegen Zecken.

»Dort ist er!« rief meine Frau plötzlich.

»Wer?« fragte ich.

»Der Baum, in den du damals ein Herz mit unserem Monogramm eingeschnitzt hast!«

»Du hast ein Gedächtnis!« sagte ich bewundernd.

»Es waren vier Bäume im Quadrat und ein fünfter in der Mitte. Der fünfte ist es.« Wir gingen näher – kein Herz, kein Monogramm. »*Dort* ist er!« rief sie. »Jetzt erinnere ich mich. Es waren *drei* Bäume und, etwas abseits, ein vierter!« Wir gingen hin – wieder nichts. »Aber dort! Jetzt täusche ich mich nicht! Es waren *zwei* Bäume, und der linke ist der richtige!« Diesmal hatte sie recht. Wir sahen ein Herz und ein Monogramm. Aber nicht nur eines, sondern mindestens dreißig. A. D., W. L., B. H., W. C. usw. Unseres war nicht darunter. »*Dort* ist er!« rief sie. »Jetzt erkenne ich ihn! Es war ein alleinstehender Baum! Ein Single! Du sagtest noch, nehmen wir diesen, damit wir ihn immer gleich wieder finden!«

Jetzt erinnerte ich mich auch. Da war es: ein Herz und drinnen C. H. Wir sahen uns gerührt an.

»Weißt du noch?« fragte sie, und es schien mir, als ob sie keinen Tag älter geworden wäre.

»Natürlich, mein Engel«, entgegnete ich. »Ich schnitt das Herz in die Rinde, sah dir dabei in die Augen und schnitt mich in den Finger.«

»Und ich mußte lachen«, kicherte sie.

»Was ich gar nicht nett von dir fand«, sagte ich, froh, es endlich einmal anbringen zu können. »Über einen blutenden Finger zu lachen ist brutal.«

»Du warst also der Meinung, daß ich brutal bin?« fragte sie gereizt.

»Ja.«

»Warum hast du mir das nicht gesagt?«

»Weil ich die Stimmung nicht stören wollte, so wie ich sie heute nicht stören will. Das ist so viele Jahre her...«

»Sag doch gleich, daß ich dir zu alt bin.«

»Du bist mir nicht zu alt, ich bin doch viel älter – aber du mußt zugeben, daß es nicht gestern war.«

»Das war es nicht«, sagte sie – wenn auch ungern – versöhnt. »Setzen wir uns unter den Baum – wie damals?«

»Setzen wir uns.« Wir setzten uns unter den Baum,

meine Frau breitete das Tischtuch aus und begann zu decken. Gläser, Teller und Besteck. Im selben Moment kamen zwei Bienen, die anscheinend mit uns speisen wollten. »Geht weg!« rief ich und versuchte, sie mit der Hand zu verscheuchen. Meine Frau lachte.

»Erinnerst du dich?« fragte sie. »Damals kamen auch zwei Bienen, und du solltest sie verscheuchen, drauf hat dich die eine in den Fuß gestochen.«

»Auch darüber lachst du noch heute«, sagte ich pikiert.

»Doch nicht über den Bienenstich. Ich lache, weil du dabei die Flasche mit dem Salatöl umgeworfen hast.« Sie konnte vor Lachen nicht sprechen.

Jetzt ärgerte ich mich wirklich. »Und weil ich mir einen Salatfleck in die weiße Hose gemacht habe«, sagte ich. »Sehr, sehr komisch!«

»Gar nicht komisch. Ich mußte bloß lachen, weil du mir knapp vorher erzähltest, daß die Hose neu ist. Du mußt auch zugeben, daß ich dir einen guten Rat gegeben habe. Ich habe dir gesagt, du sollst die Hose zu – ich glaube, Schostal hieß der Mann – in die Feinputzerei geben.«

»Das war ein sehr guter Rat«, höhnte ich. »Weißt du, wie man einen Ölfleck aus einer weißen Hose herausbringt?«

»Nein.«

»Der Schostal hat es auch nicht gewußt. Er hat behauptet, mit Kleesalz.«

»Na also.«

»Darauf hatte ich einen Kleesalzfleck in der Hose. Weißt du, wie man einen Kleesalzfleck aus einer weißen Hose herausbringt?«

»Nein...«

»Der Schostal hat behauptet, mit konzentrierter Schwefelsäure.«

»Und dann?«

»Dann war ein Loch in der Hose.«

»Und dann?«

»Dann habe ich sie in die Kunststopferei gegeben.«

»Und dann?«

»Dann haben sie sie dort so kunstvoll gestopft, daß man es schon von weitem sehen konnte.«

»Und dann?«

»Dann wollte ich sie einem Bettler schenken, der hat sie aber nicht genommen, weil er gesagt hat, daß er mit einer weißen Hose nicht betteln gehen kann.«

»Warum hast du mir das alles nicht gesagt?«

»Weil ich dich damit nicht beschweren wollte.«

»Weißt du nicht, daß wir uns geschworen hatten, alles miteinander zu tragen?«

»Ich wußte nicht, daß sich das auch auf eine weiße Hose bezieht.«

»Du hast es mir nicht gesagt, weil du kein Vertrauen zu mir hattest!«

»Ich hatte Vertrauen zu dir, aber das war doch nicht so wichtig.«

»Wenn man eine Ehe eingehen will, ist alles wichtig. Was geschah mit der Hose?« fragte sie ernst.

»Meine Mutter hat Putzlappen draus gemacht. Aber fangen wir endlich zu essen an. Wir haben nicht gefrühstückt – ich sterbe vor Hunger.«

»Du hast recht.« Sie war wieder gut. »Womit willst du beginnen? Schinken, Wurst, Sardinen?«

»Schinken«, sagte ich.

»Schinken«, wiederholte sie und suchte nach der Dose.

Inzwischen kamen die beiden Bienen zurück und brachten zwei Gäste mit.

»Luder!« schrie ich plötzlich.

»Was?!« Meine Frau sah entsetzt auf.

»Nicht du! Die Biene hat sich auf meinen Fuß gesetzt!«

Klatsch!

Meine Frau fuhr empört auf. »Was fällt dir ein, mir eine Ohrfeige zu geben?«

»Das war keine Ohrfeige«, weinte ich. »Eine Gelse war auf deiner Wange! Und dort kommen schon wieder die Ameisen von damals! Hast du keinen Insektenspray mit, damit wir die Bestien vertreiben können?«

»Natürlich habe ich einen!« Sie suchte in ihrem Korb, nahm eine Spraydose heraus, sprayte eine Flüssigkeit in die Luft, Bienen und Gelsen zogen sich grollend zurück – die Ameisen nahmen eine abwartende Stellung ein.

»Jetzt schnell!« sagte ich.

»Sofort.« Sie packte die Dosen aus. »Da sind auch mixed pickles, falls du welche willst – und da verschiedene Knabbersachen –«

»Du hast wirklich an alles gedacht«, lobte ich sie.

(»Wirklich«, knurrte mein Magen beistimmend, »nur beeilen sollte sie sich!«)

»Ich denke immer an alles«, sagte sie stolz. »Nur –« Sie suchte und suchte, drehte den Korb um, als ob sie erwarten würde, daß etwas herausfällt. Es fiel *nichts* heraus.

»Nur?« fragte ich, Böses ahnend.

»Ich habe alles mit, nur –«

»*Was* nur?«

»Nur – den Dosenöffner habe ich vergessen.«

(»Das durfte nicht kommen!« jammerte mein Magen und zog sich zusammen.)

Ein Glück, daß wenigstens die Bierdosen den lustigen Ritschverschluß hatten. Ich öffnete eine Dose ritsch! – und blutete ratsch! wie immer, vom Finger.

Wir verließen den Wald, den wir glücklich, selig und voller Erwartungen betreten hatten – böse, verärgert und voller Enttäuschungen.

Es ist ein Segen des Schicksals, daß es so etwas wie finstere, rauchige und stickige Kaffeehäuser gibt.

SELMA LAGERLÖF
Eine Geschichte aus Halstanäs

I rgendwo am Weg lag einmal ein alter Hof, der Halstanäs genannt wurde. Der hatte den Waldsaum
dicht hinter sich und war niedrig gebaut, mit langen
Reihen rotgestrichener Häuser. Neben dem Wohnhaus
stand ein großer Faulbaum, der das rote Ziegeldach mit
schwarzen Beeren übersäte. Eine Feierabendglocke mit
einem Schirmdach hing oben über dem Stallgiebel.

Dicht vor der Küchentür war ein Taubenschlag mit
kleinen, niedlichen Balustraden vor den Fluglöchern, an
der Mauer hing ein Eichhörnchenbauer, das aus zwei
kleinen, grünen Häusern und einem großen Stahlrad bestand, und vor der großen Fliederhecke war eine ganze
lange Reihe rindegedeckter Bienenkörbe aufgestellt.

Der Hof hatte einen Teich, der voll breiter Karauschen und schlanker Wassereidechsen war. Ferner hatte
er ein Hundehaus am Einfahrtstor und weiße Zauntüren
an der Allee und an den Gartenwegen und überall, wo
sich eine Zauntür anbringen ließ.

Er hatte große Dachböden mit dunklen Dachkam-
mern, die altväterische Offiziersröcke bargen und
hundertjährige Frauenhüte. Er hatte große Kisten, mit
Seidenschals und ›Brautputz‹ angefüllt, er hatte alte
Spinette und Violinen und Gitarren und Fagotte. In

Schränken und Sekretären lagen handgeschriebene Lieder und vergilbte alte Briefe, an den Wänden im Flur hingen Jagdgewehre und große Pistolen und lederbezogene Jagdtaschen, auf dem Boden lagen Lappenteppiche, aus Überresten alter Atlaskleider und Baumwollgardinen zusammengesetzt. Der Hof hatte einen großen Erker, wo die Hundsrose Sommer um Sommer ein schwankes Holzstaket hinanklomm. Er hatte große, gelbe Flurtüren, die mit Drückern und schweren Eisenriegeln verschlossen wurden, er hatte einen Flur, der mit Wacholderreisig bestreut war, er hatte niedrige Fenster mit vielen kleinen Scheiben und schweren Holzladen.

Eines Sommers kam der alte Oberst Beerencreutz gerade zu diesem Hof gefahren. Es dürfte wohl einige Zeit nach dem Jahr gewesen sein, wo er von Ekeby fortzog. Zu dieser Zeit war er in einem Bauernhof in Svartsjö einquartiert, und er begab sich nur selten auf Reisen. Er hatte wohl die Kalesche und das Pferd behalten, aber sie mußten jetzt so ziemlich das ganze Jahr in Ruhe bleiben. Er sagte immer, nun sei er ernstlich alt geworden, und für alte Leute wolle es sich am besten schicken, daheim zu sitzen.

Beerencreutz fiel es auch schwer, die Arbeit zu verlassen, die er angefangen hatte. Er war damit beschäftigt, Teppiche für seine beiden Zimmer zu weben, große, vielfarbige Teppiche in reichen, wunderbar ausgeklügelten Mustern. Dies nahm ihm unendlich viel

Zeit, vor allem, weil er seine eigene Webmethode hatte.
Er benutzte nämlich keinen Webstuhl, sondern spannte
das Garn quer über das eine seiner Zimmer, von Wand
zu Wand. Das tat er, um den ganzen Teppich auf einmal
übersehen zu können. Aber dann das Schiffchen hinein-
zuschmuggeln und die Fäden zu einem festen Teppich-
gewebe zusammenzubringen, das war keine kleine
Mühe. Und dann war da das Muster, das er selbst er-
dachte, und die Farben, die zusammengestimmt werden
mußten. Das nahm dem Obersten mehr Zeit, als irgend
jemand geglaubt hätte.

Denn während Beerencreutz daran arbeitete, daß das
Muster richtig ausgehe, saß er oft da und dachte an un-
sern Herrgott. Der saß wohl an einem noch größeren
Webstuhl und hatte noch ein wunderbareres Muster zu
weben. Und er begriff, daß es in diesem Gewebe sowohl
helle wie dunkle Farben geben müsse, damit es sich richtig ausnehme, aber Beerencreutz konnte bisweilen dasit-
zen und so lange über das alles nachgrübeln, bis er zu
sehen vermeinte, wie sein Leben und das Leben der
Menschen, die er gekannt und mit denen er gelebt hatte,
einen kleinen Teil von Gottes großem Gewebe bildete,
und er sah das Stück so deutlich vor sich ausgebreitet,
daß er sowohl die Konturen als auch die Farben unterscheiden konnte. Und wenn man nun Beerencreutz
recht angelegentlich gefragt hätte, dann hätte er gestanden, daß er sein eigenes und seiner Freunde Leben in
den Teppich webte, in einer geringen Nachbildung des-

sen, was er vermeinte, in Gottes Webstuhl dargestellt gesehen zu haben.

Doch so beschäftigt der Oberst auch war, er pflegte doch gern eine kleine Reise zu ein paar alten Gastfreunden zu machen, jedes Jahr gleich nach Johanni. Er hatte es von altersher am liebsten, durchs Land zu reisen, wenn der Klee noch auf den Wiesen duftete und blaue und gelbe Mitsommerblumen den Wegrand entlang blühten, in zwei langen, ununterbrochnen Linien.

Dieses Jahr war der Oberst kaum auf die große Landstraße hinausgekommen, als er seinen alten Freund, den Fähnrich von Örneclou, traf. Und der Fähnrich, der das ganze liebe Jahr auf Reisen war und alle Höfe in Värmland kannte, gab ihm einen guten Rat. »Fahrt nach Halstanäs und besucht den Fahnenjunker Vestblad«, sagte er. »Ich kann Euch sagen, Bruder, daß ich keinen Hof im ganzen Lande weiß, wo ich mich wohler fühlte.«

»Was ist das für ein Vestblad, von dem Ihr sprecht, Bruder?« sagte der Oberst. »Ihr könnt doch nicht den tollen Fahnenjunker meinen, Bruder, den die Majorin zur Tür hinauswarf?«

»Just den meine ich«, sagte der Fähnrich, »aber Vestblad ist nicht mehr der, der er war. Er hat sich mit einem feinen Fräulein verheiratet, mit einem so recht durabeln Frauenzimmer, Oberst, das einen Menschen aus ihm gemacht hat. Das war freilich ein höchst unerwartetes Glück für Vestblad, daß eine so ausgezeichnete Dame sich in ihn verliebte. Sie war wohl nicht gerade sehr

jung, aber jung war Vestblad ja auch nicht. Lieber Bruder, Ihr müßt nach Halstanäs fahren, um das Wunder-
werk der Liebe zu schauen.«

Und so fuhr der Oberst nach Halstanäs, um zu sehen,
ob Örneclou die Wahrheit gesprochen hatte. Er hatte
sich wohl bisweilen gefragt, was aus Vestblad geworden
sein könnte. In seiner Jugend hatte er es so wild getrieben, daß nicht einmal die Majorin auf Ekeby Nachsicht
mit ihm haben konnte. Sie hatte ihn nicht länger als ein
paar Jahre auf Ebeky dulden können, dann war sie ge-
zwungen gewesen, ihn fortzujagen. Vestblad war so tief
verkommen gewesen, daß ein Kavalier kaum mit ihm
hatte umgehen wollen. Und nun behauptete Örneclou,
daß er Haus und Hof besitze und mit einem hervor-
ragenden Frauenzimmer verheiratet sei.

So fuhr der Oberst nach Halstanäs hinauf und sah da
auf den ersten Blick, daß dies ein richtiger alter Herrenhof war. Er brauchte nur die Birkenallee zu sehen, mit
allen den eingeschnittenen Namen und den hohen, ver-
zweigten Bäumen. Solche Birken hatte er nie anderswo
als auf alten, ansehnlichen Landsitzen gesehen.

Der Oberst fuhr langsam in den Hof ein, und mit
jedem Augenblick wurde er vergnügter. Da waren Lin-
denhecken von der richtigen Sorte, so dicht, daß man
darauf gehen konnte, und da waren ein paar Terrassen
mit Steinstufen, die so lange dort lagen, daß sie sich halb
in die Erde eingegraben hatten.

Als der Oberst an dem Teich vorüberfuhr, sah er die

dunklen Rücken der Karauschen in dem gelblichen Wasser schimmern. Die Tauben flogen mit schmetternden Flügelschlägen vom Weg empor, das Eichhörnchen ließ sein Rad stehen, der Kettenhund lag still mit der Schnauze auf den Vorderbeinen, wedelte mit dem Schwanz und knurrte leise dazu.

Dicht neben dem Erker sah der Oberst einen Ameisenhaufen, wo die Ameisen ungestört in ihren Angelegenheiten auf und ab gingen. Er sah auf die Blumeneinfassung an der Rasenkante, da wuchsen alle die alten Sorten: Narzissen und Morgenstern und Hauslauch. Aber oben auf dem Graswall, da wuchsen kleine weiße Maßliebchen, die hier so alt geworden waren, daß sie sich selbst säten und wie Unkraut gehalten wurden.

Beerencreutz wiederholte es bei sich selbst: Das war wirklich ein richtiger Herrenhof, hier hatten Pflanzen, Tiere und Menschen das allerbeste Gedeihen.

Als er endlich am Haustor vorfuhr, wurde er so freundlich willkommen geheißen, wie er es sich nur wünschen konnte, und sobald er sich vom Reisestaub gereinigt hatte, geleitete man ihn zu Tisch. Und man bewirtete ihn gut und reichlich mit althergebrachten Speisen, und zum Nachtisch bekam er Spritzkuchen, Kuchen, wie seine Mutter sie ihm vorzusetzen pflegte, wenn er zu Weihnachten aus der Schule heimgekommen war, und wie er ihresgleichen nie in der Welt gegessen hatte.

Und Beerencreutz betrachtete mit Erstaunen Fahnen-

junker Vestblad. Er sah ihn still und vergnügt umher-
gehen, mit einer langen Pfeife im Mund und der Haus-
kappe auf dem Kopf. Er hatte einen alten Hausrock, aus
dem es ihm schwerfiel, herauszukriechen, wenn er sich
zum Mittagessen feinmachen sollte. Das war das einzige
Überbleibsel von dem früheren Wilden, das Beerencreutz an ihm sah. Er ging und beaufsichtigte die Ar-
beitsleute, wies die Tagewerke an, sah nach, wie es auf
Feld und Wiese wuchs, pflückte eine Rose für seine
Frau, als er durch den Garten ging, und fluchte nicht
und spie nicht aus.

Aber am verwundertsten wurde der Oberst, als er
sah, daß der alte Fahnenjunker Vestblad Bücher führte.
Er nahm den Oberst in das Kontor und zeigte ihm große
Bücher mit roten Lederrücken. Und die führte er selbst.
Er liniierte sie mit roter und schwarzer Tinte und rich-
tete Konti und Namen ein und schrieb alles auf bis zum
Briefporto hinunter.

Und Fahnenjunker Vestblads Frau, die ein geborenes
Edelfräulein war, nannte Beerencreutz Vetter, und sie
waren bald so weit, daß sie den Verwandtschaftsgrad
nachrechneten, und sie sprachen von allen Verwandten.
Und schließlich bekam Beerencreutz solch ein Vertrauen zu Frau Vestblad, daß er sich mit ihr über die
Teppichweberei beriet.

Es war eine ausgemachte Sache, daß Beerencreutz
über Nacht bleiben müsse. Er wurde in ein breites Him-
melbett mit einem ganzen Berg von Polstern gebettet, in

das beste Gastzimmer rechts vom Flur, dicht neben dem
Schlafgemach. Der Oberst schlief gut, sowie er ins Bett
gekommen war, aber mitten in der Nacht erwachte er.
Er stand da sogleich aus dem Bett auf, der alte Oberst,
und ging und schlug die Läden vom Fenster zurück.

Er hatte die Aussicht nach dem Garten, und nun sah
er in der hellen Sommernacht alle alten Apfelbäume des
Hofs, die knorrig dastanden mit wurmstichigen Blättern
und mit unzähligen Stützen unter den morschen Ästen.
Er sah den großen Wildapfelbaum, von dem man zum
Herbst ganze Tonnen ungenießbare Früchte ernten
würde. Er sah die Ananaserdbeeren, die gerade anfin-
gen, unter dem dichten Laub zu erröten.

Der Oberst stand und sah das an, als wenn es ihm
nicht möglich wäre, zu schlafen. An seinem Fenster daheim im Bauernhof hatte er einen steinigen Waldhügel
und ein paar Wacholderbüsche. Es war nicht zu ver-
wundern, daß ein Mann wie Beerencreutz sich unter ge-
stutzten Hecken und blühenden Rosen heimischer
fühlte.

Wenn man einen Garten in stiller Nacht sieht, hat
man oft das Gefühl, daß er nicht echt und wirklich sein
könne. Er kann so still sein, daß man eher glaubt, sich in
einem Theater zu befinden, glaubt, die Bäume seien ge-
malt und die Rosen aus Papier zusammengekleistert.
Und etwas Derartiges war es auch, was der Oberst
fühlte, als er da stand. Es kann nicht möglich sein,
dachte er, daß all dies richtig ist. Das ist wohl ein dum-

mer Traum. Aber da fielen von dem großen Rosenbusch, der dicht unter dem Fenster stand, sacht ein paar
Rosenblätter zu Boden, und da fühlte er wieder, daß alles echt war. Alles war echt und richtig; Tag und Nacht
war derselbe Friede über allem.

Als er sich wieder niederlegte, ließ er die Fensterläden
offenstehen. Er lag in seinem hochgetürmten Bett und
sah ein ums andre Mal auf den Rosenbusch hinaus. Er
konnte keine Worte dafür finden, wie sehr er ihm gefiel.
Es deuchte ihn ganz wunderlich, daß ein Mann wie
Vestblad jede Nacht ein solches Paradies vor seinem
Fenster haben solle.

Je mehr der Oberst an Vestblad dachte, desto mehr
verwunderte es ihn, daß dieses Fohlen in einen solchen
Stall geraten war.

Es war nicht viel mit ihm los gewesen zu der Zeit, als
er von Ekeby fortgejagt wurde. Es ließ sich nicht leicht
voraussehen, daß er ein vermögender, wohlbestallter
Mann werden würde.

Der Oberst lag da und lachte leise, und es kam ihm in
den Sinn, ob Vestblad sich jetzt wohl noch dessen erinnerte, wie er sich einstmals in der Welt zu belustigen
gepflegt hatte, als er noch auf Ekeby hauste. In einer
recht dunklen, unheimlichen Nacht hatte er sich wohl
mit Phosphor bestrichen, sich auf ein schwarzes Pferd
gesetzt und war fortgeritten über die gutsherrlichen Hügel, wo Schmiede und Müller ihre Wohnstätten hatten.
Und wenn dann irgendeine alte Frau zufällig hinaus-

guckte und einen Reiter vorübersprengen sah, in blau-
weißem Lichte leuchtend, dann hatte sie sich beeilt, Läden und Gitter wohl zu verschließen, und hatte gesagt,
daß es heute nacht wohl das beste wäre, seine Gebete
andächtig zu sprechen, denn nun wäre der böse Feind in
Person auf der Seelenjagd.

Ach ja, einfältiges Volk auf diese Art zu schrecken,
damit hatte sich mancher in früherer Zeit ergötzt. Aber
Vestblad trieb den Spaß weiter als irgendein anderer,
von dem der Oberst je gehört hatte.

Da war ein altes Wurzelweib in Viksta gestorben, was
ein Kätnergut von Ekeby war. Und Vestblad erfuhr das
zufällig, und ebenso erfuhr er, daß die Leiche aus dem
Haus gebracht und in eine Scheune getragen worden
war. Als es Nacht wurde, zog Vestblad die Feuerkleider
an, bestieg das schwarze Pferd und ritt spornstreichs davon. Und die Leute auf dem Kätnergut, die noch auf
und im Freien gewesen waren, hatten einen Feuerreiter
zur Scheune hinaufreiten sehen, wo die Leiche lag, hatten ihn sie dreimal umkreisen und dann durch das Tor
verschwinden sehen. Sie hatten den Reiter auch heraus-
kommen, wieder dreimal das Haus umkreisen und dann
verschwinden sehen.

Am Morgen aber, als man zur Scheune kam, um nach
der Leiche zu sehen, war sie fort gewesen. Und da
glaubte man, daß der böse Feind sich der Toten bemäch-
tigt und sie entführt hätte, und damit hatte man sich
zufriedengegeben.

Aber ein paar Wochen später fand man die Leiche oben auf dem Heuschober in der Scheune, und da entstand ein großer Lärm über die Sache. Da spähte man aus, wer der Feuerreiter war, und die Bauern lauerten Vestblad auf, um ihm einen Denkzettel zu geben, und die Majorin wollte ihn nicht mehr an ihrem Tisch und in ihrem Haus sehen, sondern füllte seinen Ranzen und bat ihn, anderswohin zu ziehen.

Und Vestblad zog hinaus in die Welt und machte sein Glück.

Der Oberst fühlte etwas ganz Wunderliches, wie er da im Bett lag. Es war beinahe, als wolle er anfangen, sich zu fürchten. Er hatte früher gar nicht so recht bedacht, wie abscheulich diese Geschichte eigentlich war. Er hatte vielleicht sogar darüber gelacht; es war ja nicht üblich, daß man sich das, was einem alten Wurzelweib geschah, sonderlich zu Herzen nahm. Aber Gott erbarme sich, wie wütend wäre man geworden, wenn einer unserer eigenen Mutter so etwas angetan hätte.

Den Oberst überkam ein erstickendes Gefühl.

Was Vestblad getan hatte, stand erschreckend furchtbar vor ihm. Es wurde zu einem förmlichen Alp. Er fürchtete sich, die tote Alte hinter dem Bett hervorkommen zu sehen. Es war ihm, als müsse sie hier in der Nähe sein.

Und aus den vier Ecken des Zimmers erklang es dem Oberst mit entsetzlicher Gewißheit: Das verzeiht Gott nicht. Das hat Gott nicht vergessen.

Der Oberst schloß die Augen, aber da sah er mit einem Male Gottes großen Webstuhl vor sich, dessen Gewebe aus Menschenschicksalen bestand. Und er glaubte das Viereck zu sehen, das Fahnenjunker Vestblads Leben war, und er sah es auf drei Seiten von Dunkel umgeben. Und er, der sich auf Gewebe und Muster verstand, er sah ein, daß die vierte Seite auch mit Dunkel belegt werden mußte. Es ging nicht anders an, sonst war das Gewebe verfehlt. Der kalte Schweiß brach auf seiner Stirn hervor. Es deuchte ihn, daß er auf das Unerbittlichste und Härteste in der ganzen Welt hinabschaue. Er sah, wie das Schicksal, das ein Mensch sich in seinem verflossenen Leben geschaffen hatte, ihn verfolgen mußte. Und da dachte mancher, daß er dem entkommen könnte!

Entkommen, entkommen! Alles war aufgezeichnet und eingeritzt, und die eine Farbe und Figur zwang die andre hervor, und alles wurde so, wie es werden mußte.

Oberst Beerencreutz setzte sich plötzlich in seinem Bett gerade auf, er wollte hinaussehen auf Blumen und Rosen und denken, daß unser Herrgott dennoch vielleicht vergessen könnte.

Da, in demselben Augenblick, wo Beerencreutz sich im Bett aufsetzte, öffnete sich die Schlafzimmertür, und ein fremder Mann steckte den Kopf herein und nickte dem Oberst zu.

Es war jetzt so hell, daß der Oberst den Mann ganz deutlich sah. Das war wahrhaftig das häßlichste Ge-

sicht, das er je gesehen hatte. Es hatte graue Schweinsaugen und eine eingedrückte Nase und einen dünnen,
borstigen Bart. Er konnte nicht sagen, daß der Mann wie
ein Tier wäre, denn Tiere sind meistens schön. Aber er
hatte doch einen tierischen Stempel. Sein Unterkiefer
war vorgeschoben, das Kinn war dick, und seine Stirn
verschwand ganz unter dem struppigen Haar.

Er nickte dem Oberst dreimal zu, und dazwischen kicherte er jedesmal mit einem breiten Grinsen. Dann
streckte er eine Hand aus, die rot von Blut war, und
zeigte sie gleichsam triumphierend.

Bis dahin hatte der Oberst in einer Art Lähmung still-
gesessen, nun aber sprang er auf und war mit zwei
Schritten an der Tür. Doch als er hinkam, war der Mann
verschwunden, und die Tür war versperrt.

Der Oberst wollte schon rufen und klopfen, als ihm
einfiel, daß die Tür von seiner Seite verriegelt sein
mußte, da er dies selbst am Abend besorgt hatte. Und
als er sie untersuchte, verhielt es sich so, und sie war
durchaus nicht geöffnet worden.

Und den Oberst überfiel eine Art Beschämung darüber, daß er auf seine alten Tage anfing, Gespenster zu
sehen. Er ging und legte sich ohne weiteres nieder.

Als die Nacht endlich vorbei und das Frühstück ver-
zehrt war, war der Oberst noch beschämter über sich
selbst. Er hatte sich in solchen Schrecken versetzt, daß
er gezittert hatte und von kaltem Schweiß bedeckt gewesen war. Er erwähnte mit keinem Wort die ganze Sache.

Aber später am Tag machten Vestblad und er einen Rundgang um die Besitzung. Und als sie nun an einem Arbeiter vorbeikamen, der dastand und Torf stach, erkannte Beerencreutz den wieder. Das war der Mann, den er in der Nacht gesehen hatte, er erkannte ihn Zug für Zug. »Lieber Bruder, diesen Mann würde ich nicht einen Tag länger in meinem Dienst behalten«, sagte Beerencreutz, als sie ein Stück gegangen waren. Und nun erzählte er Vestblad, was er in der Nacht gesehen hatte. »Ich erzähle dies einzig und allein, damit Ihr Euch warnen laßt, Herzensbruder, und diesen Menschen aus Eurem Dienst jagt.«

Aber Vestblad wollte nicht, er wollte gerade diesen Arbeiter nicht fortjagen. Und als Beerencreutz immer eindringlicher wurde, bekannte er endlich, daß er gegen diesen Mann nichts tun wollte, weil er der Sohn eines Wurzelweibes war, das auf Viksta nahe von Ekeby gestorben war. »Ihr erinnert Euch der Sache wohl, Bruder«, fügte er hinzu.

»Ist das so, dann würde ich lieber ans Ende der Welt ziehen, als einen einzigen Tag in der Nähe dieses Mannes leben«, sagte Beerencreutz. Und eine Stunde später reiste er seiner Wege und war beinahe erzürnt darüber, daß seine Warnung kein Gehör fand.

»Hier geschieht ein Unglück, bevor ich wieder herkomme«, sagte der Oberst zu Vestblad, als er Abschied nahm. Im nächsten Jahre um dieselbe Zeit machte sich der Oberst bereit, nach Halstanäs zu fahren. Doch ehe er hinkam, mußte er grausige Kunde vernehmen. Genau ein Jahr nach der Nacht, die er dort verbracht hatte, waren Fahnenjunker Vestblad und seine Frau in ihrem Schlafzimmer ermordet worden von einem ihrer Kätner, einem Mann mit dickem Stiernacken, eingedrückter Nase und Schweinsaugen.

MANFRED SCHMIDT
Mein Kampf mit der eigenen Scholle

Als mir vor einigen Jahren zum Frühlingsanfang ein eigener Garten beschieden wurde, war ich so optimistisch wie der Aufdruck einer Samentüte. Von gärtnerischem Schaffensdrang erfüllt, eilte ich in eine Samenhandlung und stand staunend vor Regalen, die mit knallbunten Reproduktionen üppiger Flora dekoriert waren. Vor meinem geistigen Auge wuchsen mir die Zukunftsblumen bereits über den Kopf.

Der strahlende Optimismus bekam allerdings einen leichten Dämpfer, als ich mich genauer umsah: Mindestens die Hälfte des Ladenraumes wurde von Schädlingsbekämpfungs- und Pflanzenschutzmitteln eingenommen. Von den Etiketten der Sprühflaschen, Büchsen und Kanister lachten mir Totenköpfe entgegen.

Ein Plakat mit dem Schriftzug »Das bewährte XYZ« weckte die Erinnerung an Gattenmordprozesse, die den Ruf dieses Präparats begründeten.

Komplizierte Spritzgeräte, angeblich unentbehrlich »zum Vernebeln, Entseuchen, Kalken, Löschen und Beizen«, ließen die Gartenpflege als ein Randgebiet der chemischen Kriegsführung erscheinen. Das konnte mir aber die Laune nicht nehmen. Ich verdrängte den

Schädlingskulturpessimismus aus meinem Bewußtsein und kaufte einige Dutzend vielversprechende Samentüten (darunter die Sommerblume »Jungfer im Grün« mit Keimgewähr), drei Kilogramm Blumenzwiebeln, ein Gartenbuch für Anfänger und einen Beutel mit der Aufschrift »Der fürchterliche Spatzenschreck«. Er enthielt einen surrealistisch gestalteten blinkenden Katzenkopf.

Vor dem Eingriff in die eigene Scholle studierte ich aufmerksam das Lehrbuch. Unter der patriotische Instinkte weckenden Überschrift »Im kleinsten Garten ist das Vaterland« stand zu lesen: »Wir wissen, welche Kraft Goethe aus dem Stückchen Boden um sein Gartenhaus in Weimar schöpfte.« Das klang sehr ermutigend und ließ mich auf nachhaltige schriftstellerische Erfolge hoffen.

Im praktischen Teil des Buches gab die sehr betulich schreibende Verfasserin zunächst Ratschläge für die Bodenbearbeitung und duzte mich dabei: »Du mußt den Boden gut lockern, wenn Du reiche Ernte haben willst... Du nimmst das Pflanzholz in Deine rechte Hand, die Pflanze in Deine Linke...« Ich schätze keine plumpen Vertraulichkeiten, aber hier ließen sie Vertrauen entstehen.

Über das Einsetzen von Blumenzwiebeln sprach meine neue Duzfreundin im geheimnisumwitterten Stil eines Zauberbuches: »Du legst die Zwiebeln im milden Halbschatten zehn bis fünfundzwanzig Zentimeter tief oder dreimal so tief, als sie stark sind, in schwerem Bo-

den aber seichter oder mit trockenem Sand vermischt.«
Von solchen rätselhaften Sätzen wimmelte es in dem
Buch, und mir wurde endlich klar, weshalb manche
Gartenbesitzer oft stundenlang auf ihren Spaten ge-
stützt dastehen und vor sich hingrübeln. Die haben si-
cher so einen Leitfaden.

Nach gründlicher Lektüre des ersten Kapitels machte
ich mich daran, den Boden weisungsgemäß »einen Spaten tief« zu lockern. Mein Spaten hatte eine Länge von
genau 125 Zentimetern. Sollte ich mich so tief in die eigene Scholle hineinarbeiten?

Beim Graben stellte sich heraus, daß mein Erdreich
schon sehr gelockert und von vielen kleinen Hohlräu-
men durchsetzt war. Beim Zerkrümeln der Ackerkrume
kamen fette weiße Raupen zum Vorschein, die anscheinend von der Natur damit betraut waren, den Boden
porös und damit fruchtbar zu halten. Deshalb achtete
ich auch sorgfältig darauf, daß den Tierchen nichts zu-
stieß.

Bereits während der ersten halben Stunde intensiver
Gartenarbeit gelang mir einer der ältesten und erfolg-
reichsten Stummfilmgags: Ich trat auf die am Boden
liegende Harke und schlug mir unter großem Gelächter
der Familie und einiger Passanten den Stiel ins Gesicht.
Ein Beweis mehr für den oft zitierten Satz, daß Gartenarbeit Freude verbreitet.

Nach vollendeter Lockerung machte ich mich an die
Aussaat, natürlich nicht, ohne das Buch wieder zu Rate

zu ziehen. Das Kapitel »Säen« begann mit der versfuß-
kranken, aber sonst sehr gesunden Bauernregel:

> »Zu frühes Säen ist selten gut,
> zu spät säen tut nicht gut.«

Wann man nun eigentlich säen soll, wurde nicht verra-
ten. Die günstigen Zeitpunkte rustikalen Schaffens sind
eine Sache der Intuition.

Das Wie wurde allerdings haargenau beschrieben:
»Bist Du ein Neuling, schüttest Du den Samen auf ein
geknifftes Stück Papier, das Du zwischen zwei Fingern
hältst und leicht betupfst.« Wer dabei nicht nervös
wird, ist zum Gärtner geboren.

Nach der komplizierten Einbringung des Samens
hängte ich den »fürchterlichen Spatzenschreck« zwischen den Beeten auf und zog mich, von der Landarbeit
schon ziemlich stark mitgenommen, ins Haus zurück.
Vom Fenster aus konnte ich dann beobachten, wie sämtliche ortsansässigen Spatzen pickend auf den Beeten
herumhüpften. Der »fürchterliche Spatzenschreck«
schien ihnen aus anderen Gärten schon vertraut zu sein.
Oder die Vögelchen waren durch meine reichlich be-
messenen winterlichen Futtergaben so zutraulich geworden, daß sie von mir nichts Böses erwarteten.

Durch Aufhängen gebündelter Konservenbüchsen,
die im Winde schepperten und die Nachtruhe empfind-
lich störten, konnte ich schließlich doch noch eine An-

zahl (besonders gut versteckter) Samenkörner dem Zugriff der Spatzen entziehen.

Eines schönen Morgens erblickten kleine Keime das Licht der Welt, und ich fühlte mich, wenn dieser kühne Vergleich erlaubt ist, wie ein hundertfacher Vater. Mein vegetarisches Vaterglück dauerte aber nicht lange. Schon nach wenigen Tagen fielen die zarten Pflänzchen trotz fleißigen Gießens um und verdorrten. Sie waren ein Opfer jener Raupen geworden, die ich für nützliche Bodenlockerer gehalten hatte. Die blassen Kriecher heißen, wie ich von Nachbarn erfuhr, Engerlinge und nähren sich bis zu ihrer Auferstehung als Maikäfer von zarten Wurzeln. In meinem Gartenbuch waren sie mit keinem Wort erwähnt, und ich war versucht, der Verfasserin zu schreiben: »Warum hast Du nichts von Engerlingen gesagt? Das hättest Du tun müssen! Ich bin Dir böse!«

Nach diesem heftig an meinen Nerven zerrenden Rückschlag wühlte ich den Boden noch einmal durch, entfernte ohne den geringsten Anflug von Tierliebe die werdenden Maikäfer und kaufte in einer Gärtnerei fertige Blumenpflanzen, von der einjährigen Sommerblume bis zur (unter gewissen Umständen) alljährlich wiederkehrenden Blütenstaude.

Liebevoll vertraute ich die schon kräftig entwickelten Pflanzen dem mehrfach gelockerten Boden an. Dann besuchte ich nochmals die Samenhandlung, um wachstumsfördernden Kunstdünger zu erstehen.

Das Angebot an Blumentreibstoffen war von verwir-
render Vielfalt. Auf den Etiketten der Blecheimer und
Zellophanbeutel wurden Mischungen mit Mikrostof
fen, Zink-, Kupfer- und Eisen-Spurenelementen, Vit-
amin B und triebfördernden Wachstumshormonen an-
gepriesen. Ich war gern bereit, meinen Pflanzen ein
ungehemmtes Triebleben zu ermöglichen.

Ich schleppte zwei verschiedene Sorten Vollkraftdün-
ger nach Hause und las, vor meinen Beeten kniend, die
kleingedruckte Gebrauchsanweisung der ersten Sorte.
Da hieß es: »Pro Liter Erde nehme man 1,5 Gramm und
vermische innig.«

An der vorgeschriebenen Innigkeit ließ ich es beim
Mischen nicht fehlen, aber das anderthalbgrammweise
Abwiegen und das Vermengen mit jeweils einem Liter
Erde war außerordentlich zeitraubend. Als der fünf Kilo
(fünftausend Gramm!) enthaltende Beutel endlich leer
war, griff ich mit zitternden Händen zur zweiten Kunst-
düngersorte. Hier verlangte die Kulturanweisung, daß
man einen gestrichenen Eßlöffel des Pulvers auf einen
Quadratmeter Bodenfläche verteile.

Nur wer das schon einmal versucht hat, kann ermes-
sen, in welchem Zustand meine Nerven sich nach dieser
Tätigkeit befanden. Ich mußte meinen Beruf einige
Tage lang stark vernachlässigen.

Morgens, mittags, abends und auch zwischendurch
warf ich nun treusorgende und prüfende Blicke auf das
junge Grün. Erfahrungsgemäß betrachtet ja der Garten-

anfänger seine Pflänzchen pro Millimeter Wachstum etwa fünfzigmal.

Als ich am vierten Morgen nach der Bepflanzung an die Rabatten trat, blieb mir fast das Herz stehen. Auf allen Beeten lagen junge Gewächse entseelt am Boden. Die Wurzeln waren abgebissen.

Ich steckte den Zeigefinger ins Erdreich und stieß ins Leere. Diagnose: Wühlmäuse.

In der Fachhandlung riet man mir zu einer kombinierten Anwendung von Giftgaspatronen und Fallen. Um diese angeblichen Radikalmittel richtig einsetzen zu können, mußte zunächst die genaue Lage der Laufgänge ermittelt werden. Mit einem Stock stellte ich überall im etwa sechshundert Quadratmeter großen Garten Versuchsbohrungen an und wurde ungeheuer fündig. Meine Scholle war restlos unterkellert und ein wahres Wühlmausparadies.

Mit der vierköpfigen Familie setzte ich zu einem konzentrischen Giftgasgroßangriff auf die Wühlmausbastionen an. Wir entzündeten fünfzig Patronen und schoben sie in die Laufgänge, die dann blitzschnell mit Erdklumpen luftdicht abgeschlossen wurden. Das Röhrensystem schien aber ziemlich viel Nebenluft zu haben, denn innerhalb weniger Minuten lag auf dem Garten ein dichter Bodennebel, der heftige Atembeschwerden verursachte. Wir flüchteten ins Haus, verschlossen alle Fenster und litten unter Übelkeit. Zu spät las ich auf der leeren Packung den Hinweis, daß die Giftgaswirkung vierundzwanzig Stunden anhält und daß die Patronen keinesfalls in Hausnähe abgebrannt werden dürfen. Das Abendessen war von allgemeiner Appetitlosigkeit überschattet.

Den unterirdischen Nagern war der Appetit jedoch nicht vergangen. Sie hatten das Giftgas fröhlich inhaliert, ohne Schaden zu nehmen. Oder sie hatten sich während des Großangriffs auf vorbereitete Stellungen in den Nachbargrundstücken zurückgezogen. Am nächsten Morgen bissen sie jedenfalls zum Frühstück dem Rest meiner Pflanzen die Wurzeln ab.

Nun griff ich hoffnungsvoll zu den Fallen.

Daß ich nach dem mehrfach mißglückten Spannen eines Dutzends dieser lebensgefährlichen Geräte noch im Vollbesitz meiner zehn Finger bin, kann man als echtes Wunder bezeichnen. Ein leichter Luftzug genügt schon, um die Dinger zuschnappen zu lassen.

Mit äußerster Vorsicht wurden die Fallen in die Laufgänge eingebaut und sorgfältig abgedeckt.

Doch bis Sonnenaufgang hatten die Wühlmäuse um sieben Gefahrenpunkte herum eine Umleitung gebohrt. Die restlichen fünf hochempfindlichen Fanggeräte hatten sie aus dem Erdreich herausbefördert. Und dies mit einem solchen Pfotenspitzengefühl, daß keine einzige Stahlfeder zugeschnappt war. Eine Leistung, die nur mit dem Entschärfen von Zehnzentnerbomben verglichen werden kann.

Da der Fachhandel mir nichts mehr zu bieten hatte,

veröffentlichte ich einen kurzen Hilferuf: »Gibt es ein wirksames Mittel gegen Wühlmäuse?«

Darauf kamen einhundertunddreiundzwanzig Zuschriften hilfsbereiter Gartenbesitzer.

Eine tierliebende Leserin riet mir, die kleinen Nager nicht zu töten, sondern zu »vergrämen«, und zwar durch Auslegung übler Gerüche (Knoblauch, Salmiak, Stinkbomben). Das war aber ohne Vergrämung der Nachbarn kaum durchführbar.

Ein Konsistorialrat glaubte fest an die tödliche Wirkung von Auspuffgasen, die durch einen Schlauch in die Laufgänge geleitet werden. Stundenlang habe ich Gas gegeben. Kein Erfolg.

Eine dem Spiritismus anhängende Dame übermittelte mir »Besprechungsformeln« gegen Schädlinge. Das habe ich gar nicht erst versucht, denn die Biester hören bestimmt nicht zu.

Die von einem gartenbauenden Gefängniswärter an mich herangetragene Idee, alle Pflanzen in Maschendrahtkörbe zu setzen, bewährte sich nur für kurze Zeit. Die Wühlmäuse scheuten nämlich den kleinen Umweg nicht: sie krochen von oben in den Korb hinein und erst wieder raus, nachdem sie sich satt gegessen hatten.

Der vernünftigste Vorschlag kam von einem Grundstücksmakler. Er riet mir, meinen Garten nebst Haus zu verkaufen und bei ihm ein garantiert wühlmausfreies Grundstück zu erwerben. Doch dazu konnte ich mich aus sentimentalen Gründen nicht entschließen.

Nach langem und vergeblichem Kampf gegen die Wühlmäuse bin ich zu der Überzeugung gelangt, daß diese Tiere die intelligentesten und widerstandsfähigsten Lebewesen unserer Erde sind. Sie dürften auch eine atomare Auseinandersetzung überleben und sind wahrscheinlich dazu ausersehen, eine neue und bessere Zivilisation aufzubauen.

Abschließend möchte ich nicht unerwähnt lassen, daß mein Garten auch von Maulwurfsgrillen, Spinnmilben, Erdflöhen, Blatt-, Schild- und Blutläusen, Schnecken, Ameisen, Kräusel- und Blattgallmücken, Drahtwürmern, Gemüsewurzelfliegen und noch vielen anderen Schädlingen zur Heimstätte erkoren wurde.

Trotzdem gelang es mir hin und wieder, meiner Frau eine selbstgezogene Blume zu überreichen. Die stets scharf kalkulierende Lebensgefährtin rechnete allerdings aus, daß so ein Eigengewächs (unter Zugrundelegung eines Stundenlohnes von drei Mark, den sie mir theoretisch zubilligt) rund einhundertfünfzig Mark kostet.

Es gibt Ärzte, die ihren von Zeitkrankheiten befallenen Patienten den Rat geben: »Legen Sie sich einen Garten zu, pflanzen Sie Blumen, ziehen Sie Gemüse. Es gibt nichts Besseres für die Nerven!« Mediziner, die so etwas behaupten, haben bestimmt keinen Garten.

Ich spiele inzwischen ernsthaft mit dem Gedanken, mein Grundstück bis auf den letzten Quadratmeter asphaltieren zu lassen.

GEORG LENTZ
Wassergrundstück

Seit Ernie in den Ruhestand getreten ist, brütet er eine Macke nach der anderen aus. Nun noch das Wassergrundstück! Nicht wie andere Berliner, die sich mit einem schmalen Handtuch bescheiden, Bootssteg, kleine Laube – nein. Ernie muß eine Wiese haben und ein Fenn, in dem angeblich Marder hausen oder Füchse. Er liegt auf dem Bauch, den Feldstecher vor der Nase, und beobachtet.

Die Laube hat natürlich auch 'nen Avec, mit Schweizerbalkönchen vor dem Giebel und zwei roten Schornsteinen Marke Märchenbilderbuch. Da haust er mit seiner Schwester Meta. Nach fünfundvierzig ist Meta aus dem Osten rübergemacht. Bauerntochter aus einem Kaff bei Prenzlau, ich war da mal. Hügel mit Zuckerrüben. Der Vater soll Ortsbauernführer gewesen sein, unter den Nazis. Sie haben ihm den Kopf nicht abgerissen. Aber: LPG.

Meta stank das. Sie ging durchs Lager Marienfelde, Flüchtlingsausweis und alle Papiere vorhanden. Frührentnerin wegen irgendeines Schadens, aber man sieht ihr den nicht an. Meta sitzt vor der Laube; während Ernie auf dem Bauch liegt in seiner nassen Wiese, guckt sie aufs Wasser und strickt. Manchmal fährt »Moby Dick«

vorbei oder ein anderes Motorschiff, dann winkt sie. »Sieh mal, der Dampfer«, sagt sie. Immer noch Dampfer. In welcher Zeit lebt die Frau?

Manchmal besuche ich die beiden, mit meinem Freund Paul. Der ist ebenfalls so 'n Übriggebliebener, aber noch senkrecht. Jahrelang lief er in einem grünlich-bräunlich schillernden Paletot umher, daß du dachtest, die Blockade bricht wieder aus. Neuerdings jedoch: Schnieke in Schale. Hat mich überredet, daß wir Rennrad fahren, Zehngangschaltung. Wir haben flotte Dressen, klar.

Andererseits kommt häufig Xylander vorbei. Das ist der andere Bruder. Eigentlich heißt er Oskar, aber er arbeitet als Magier, und da, sagt er, ist es besser, wenn man Xylander heißt.

Er muß es wissen. Im Schlepp hat er eine auf jung angestrichene Braut, sie soll Kaukasierin sein. Feuriges Auge. Früher hat sie als zersägte Jungfrau bei ihm gearbeitet. Aber jetzt, sagt Xylander, wollen ihre ollen Knochen nicht mehr. Die Nummer war, daß die Jungfrau sich zusammenfaltete, in einem würfelförmigen Kasten, und Xylander hat von allen Seiten scharfe Bleche in Schlitze gesteckt. Natürlich kam sie heil raus, ich hab's gesehen, bei einem Feuerwehrfest. Sie trug nur Höschen und Quasten an den Brustnippeln. Gnade. Heute würden die Quasten etwas tiefer hängen.

Amaryllis ruft er sie. Ist bestimmt nicht ihr richtiger Name, wie Xylander nicht sein richtiger Name ist.

Amaryllis vorne, Amaryllis hinten. Man könnte meinen, das ist die echte, wahre Liebe. Doch neulich meinte er: »Ick brauch 'ne frische Jungfrau. Eine, die ihre Gräten anständig verbiejen kann. Wenn ick die finde, geh ick noch mal auf Tournee. Ganz groß. Wirst sehen, Xylander tritt im Fernsehen auf.«

»Gönne ich dir«, sagte ich großmütig. »Jedoch Amaryllis?«

»Assistentin. Für die anderen Nummern. Weißes Kaninchen aus dem Zylinder, die klassischen Tricks. Das Publikum will das. Sie sieht noch gut aus, oder?«

»Klasse«, sagte ich. »Als wär se einjeweckt jewesen.«

Das fand er nicht komisch, der Zauberer, und zog 'ne Flappe. Ging aber darüber hinweg. Thema durch.

Ernie war am glücklichsten, wenn er seinen Bauch nicht einziehen mußte, obwohl mein Freund Paule, drahtig im Radfahrerdreß, ihm das vormachte. Ernie trank sein Bier aus der Pulle und seufzte über den See. Bis er wieder auf die Wiese robbte. Xylander spielte den tollen Hecht, hetzte Amaryllis zu seinem Opel, der weitab auf dem Sandweg parkte, sie schleppte Weinflaschen an und Spickaal von Rollenhagen, damals erstes Feinkostgeschäft auf dem Kudamm.

Existiert heute nicht mehr. Wundern tat mich, wo Xylander die Kohle her hatte. Das Zaubern muß ihm 'ne Menge eingebracht haben, in den guten Jahren. Übrigens war er schuld an Ernies Wassergrundstück-Spinnerei.

Xylander besaß damals, oben bei Tegel, das übliche Grundstückhandtuch. Jolle am Steg, perfekt.

Dies hier war schöner, ich geb's zu. Paule warf seine Angel aus und faselte über die Schulter was über Köder. Ich glaube, er verstand 'ne Menge davon, jedenfalls fing Paule Fische, wo andere nichts fingen. Schächtelchen und Schachteln schleppte er an, darin knetbare Massen, Spezialköder, mit Anis, mit was weiß ich. Die Pampe knetete er um den Haken. Mit Ernie ging er Würmer ausgraben, die wimmelten in einer Biomalzbüchse – eine Antiquität. Ein Trödler hätte ihm zwanzig Mark für die Büchse gegeben. Glatt. Aber sie war sein Talisman.

Amaryllis faltete sich auf dem Steg zusammen, nicht ganz so klein, daß sie in den Kasten gepaßt hätte, aber bewundernswert gelenkig. Sie trug einteilige Badeanzüge. Nach neuester Mode, wie Meta erklärte, an den Seiten waren die Badeanzüge hoch ausgeschnitten, die Hüftknochen spitzten heraus. Meta meinte, für sie sei das nichts. Hatte recht, verflixt noch mal. Pölsterchen überall, und so blaue Adern; das macht das Alter, sagte Meta. Sie trug 'ne Art Kittelschürze, aber irgendwie elegant, mit Chrysanthemen bedruckt oder Sonnenblumen. Blüten, immer handgroße Flatschen. Meta leuchtete von weitem. Ich glaube, die Dampfer nahmen Meta als Seezeichen. Vorne standen Metas Knöpfe offen, mal blitzte ein bißchen Bauchspeck auf, mal fiel unser Blick ins Tal der Brüste.

Paule mochte das. Machte Meta Komplimente: »Sie sehen aber heute prächtig aus. Wie 'n Zuckerhut.«

»Ach, Sie Ferkel!« sagte Meta. Sie errötete, das dauerte nur ein paar Sekunden, dann hingen ihre Bäckchen wieder bleich links und rechts vom Kirschenmündchen. Braun wurde sie nicht, Ernies Schwester. Sie und Amaryllis unterhielten sich über Paules Kopf hinweg, über Leberwurst und Eingemachtes, und wo es die Staubsaugertüten gab, und über eingewachsene Zehennägel. Auf Xylanders winzigem Grundstück hätte die halbe Kolonie mitgehört. Aber hier war ja Platz.

Manchmal fragten sie mich, was ich von Hans Albers hielte, oder Brigitte Mira, großes Comeback. Albers liebte ich, war ja nun tot, der blonde Hans. Hatte ebenfalls ein Wassergrundstück besessen. Über die Mira hatte ich keine Meinung, lobte sie aber über den grünen Klee. Ich las gerade *Kokain* von Pittigrilli, in der alten Ausgabe, wollte nicht mit denen schnattern. War froh, als Xylander sagte, er habe mit der Mira in einem Film mitgewirkt. Dann kam eine lange Geschichte.

Paule zog einen Hecht an Land, bejubelt. Den verzehrten wir zu Mittag. Spickaal wollte keiner. Meta warf den Aal in die Tiefkühltruhe.

Ja, sie besaßen sogar eine Tiefkühltruhe. Ernie konnte zufrieden sein. Er war's auch, das sah man ihm an. Im Grunde aber verbreiteten sie ziemliche Langeweile, dort an der Havel. Manchmal war ich froh, wenn es Abend wurde, ich mit Paule wieder die Pedale trat. Kühles

Lüftchen an der Havelchaussee, letztes Licht auf den Stämmen der Kiefern, die rotglühend aussahen. Wir fuhren so spät, daß wir sicher sein konnten: Die Autos mit den Badenden waren bereits in die Stadt zurückgefahren. Paule pfiff sich eins. Wir waren glücklich.

Wir dachten, so war das eben und würde ewig so weitergehen. Wir bei Ernie, Liegestuhl, Bootssteg, Ernie mit Fernglas robbend. Doch plötzlich: Die totale Kippe. Was war geschehen?

Eines Tages kommen Paule und ich angeflitzt auf unseren Velozipeden, schwitzend, die trockne Zunge wie ein Klotz im Mund. Wir hören von weitem, wie sie durcheinanderschnattern, Ernie, Meta, Xylander, sogar Amaryllis – sie legte eine Art Flötenton drüber.

Wir schoben unsere Räder auf dem Gartenweg. Ernie gestikulierte: »Vorsicht, Vorsicht«, rief er. »Ihr verscheucht sie!«

»Wen verscheuchen wir? Haste 'n Bier?«

»Sogleich«, rief Ernie. »Guckt erst mal. Sind sie nicht süß?«

Am Wasser standen ein paar Weiden, dazwischen Stubben von Bäumen, die mal gekappt waren. Die Wurzeln bildeten Höhlungen. Was sehe ich? Auf einer Wurzel, die aus dem Wasser ragte, sitzen Viecher. Drei oder vier, grau und pitschnaß, eins weiß. Wie große Ratten. »Wat is dat denn?« stotterte Paule. Ernie kniff ihn in den Arm: »Stell dir vor, Biber!«

Ich denke, ich bin im Wald. Bei Lederstrumpf und

Genossen. Wie kommen Biber nach Berlin? Informiert der Magistrat die Bevölkerung? Sind Biber schädlich? Xylander scherzte, als Kind hätten sie »Biber – peng!« gespielt. Wer zuerst einen Menschen mit Bart sah – Damenbart galt auch –, rief »Biber – peng« und erhielt fünf Punkte. Rothaarige Bärte zählten zehn Punkte.

Ich schleiche näher, alle paar Minuten ein Schritt. Die Viecher sind ungeniert. Zwei mümmeln an Weißbrotschnittchen. Hat ihnen Meta wohl hingeworfen. Vielleicht werden ihnen später Getränke serviert?

Nun habe ich, zusammen mit meiner Schwester, Brehms Tierleben geerbt. Sie war die Jüngere, bekam »Insekten« und »Lurche und Kriechtiere«. Ich, als Älterer: »Säugetiere«. In den Bänden hatte ich oft geblättert, ohne mich loben zu wollen, darf ich sagen: Kenntnisse sind hängengeblieben. Wie ich so die Tiere betrachte, sage ich:

»Das sind keine Biber. Das sind Bisamratten.«

»Bisamratten? Du hast wohl nich alle. Det sind Biber!« Ernie schien beleidigt.

»Guck genau hin«, rügte ich. »Biber haben 'nen breiten Schwanz. Das weiß jedes Kind aus dem Fernsehen, von den Disney-Filmen. Und ich weiß es aus Brehm.«

»Er weiß es aus Brehm«, murmelte Meta, wie ich meine, ehrfürchtig. Wegen meiner Kenntnisse?

»Dies«, dozierte ich, »sind Bisamratten. Einwandfrei.«

Ich hatte zu laut gesprochen. Die Kolonie hüpfte ins

Wasser, sie schwammen unter die Baumwurzeln. Wahrscheinlich hatten sie da ihre Höhle. Die Weißbrotstullen
nahmen sie mit.

Immer ohne mich rühmen zu wollen: Ich habe ein op-
tisches Gedächtnis. Blitzartig stand mir der Artikel aus
dem Brehm vor Augen. Während die Frauen mecker-
ten, daß ich die possierlichen Tierchen verscheucht
hätte, und Ernie insistierte: »Es sind *doch* Biber!«, sagte
ich:

»Bisamratten sind Schädlinge. Im Jahr werfen sie
zwei- bis dreimal sechs bis acht Junge. Warte ab, Ernie,
bis die ihre Höhlen bauen. Von deinem Wassergrundstück bleibt nicht viel übrig. Es sollte mich wundern,
wenn die Wasserschutzpolizei nicht eingreift. Die Bisamratten unterminieren alle Havelufer.«

»Wehret den Anfängen«, piepste Amaryllis. Sie er-
griff deswegen nicht Partei für mich. Es war ihr so einge-
fallen.

Ernie sagte, er glaube, ihn streife ein Elch. Damals
eine beliebte Redewendung. »Is det wahr?« fragte er.

Ich nickte, düstere Kassandra, die Idylle war im Eimer. Wir setzten uns, und Amaryllis lief zum Opel und
brachte eine Pulle Sekt.

»Zu feiern gibt's wohl nichts«, meinte sie, aber wenn
die *Ratten* alles unterwühlen, sollten wir vorher wenigstens den Sekt austrinken.

Ich sitze da, bin an allem schuld, klar, ich, nicht die
Bisamratten. Mein Stuhl sinkt in den weichen Boden.

Wahrscheinlich haben die Bestien schon alles unter-
wühlt. Wer weiß, wie viele sich eingenistet haben, unter
unseren Füßen? Wir gehen baden, mitsamt Stühlen und
Schampusgläsern. Paule murmelt, man könnte ein paar
Fallen aufstellen, endlich Trapper spielen, das würde
ihm gefallen.

Meta kreischte: »Du bist ein gefühlloser Dussel. Sieh,
wie süß sie sind!«

Die possierlichen Tierchen kamen wieder aus dem
Bau, sahen uns zu, wie wir uns den Schampus reinzo-
gen. Paul insistierte, daß man Fallen beschaffen müsse,
er erinnere sich, in Frankreich, als er an einer Radrund-
fahrt teilnahm, haben sie ihm Fallen gezeigt... »Die
kann man da überall kaufen. Der Franzmann ist kein
sentimentaler Klops. Der stellt Fallen auf, und
schwupp! zieht er den Ratten die Felle über die Ohren.«

»Du Unmensch«, murmelte Meta. Amaryllis riß nur
ihre Augen weit auf. Xylander, versöhnlich: »Wir müssen uns erkundigen.«

Das Weißbrot hatten sie gefressen. Ich sah, wie Meta
mit sich kämpfte. Am liebsten wäre sie aufgestanden
und hätte den Tierchen weitere Stullen gereicht. Statt
dessen stülpte sie ihr Kirschenlippenmündchen nach
vorne und raunte:

»Ich kaufe mir 'ne Flinte, und wenn ihr die verscheucht, puste ich euch 'ne Ladung Schrot unters
Hemde.«

Grammatisch nicht ganz richtig; ohne mich aufspielen zu wollen, bemerke ich, daß es »die Hemden« hätte heißen müssen. So, sprachgeschludert, hätte es bedeutet, daß wir in einem Gemeinschaftshemd verblutet wären, von Metas Schrotkugeln durchsiebt.

Xylander lachte meckernd, ein Zeichen, daß er echt Gefahr witterte. Ernie blickte auf Meta, als entdecke er einen völlig neuen Menschen in ihr. Paule zog eine Flappe, die wohl das Gesicht des weisen alten Trappers vorstellen sollte. Die Possierlichen schwammen jetzt hin und her.

»Grzimek müssen wir anrufen.« Xylanders Erleuchtung. »Der ist froh, wenn er mit anderen Biestern zu tun bekommt als mit seinem Fernsehaffen.«

»Der wird sich kümmern«, sagte Ernie. »Um unsere Biber.«

»Bisamratten.«

»Meinetwegen. Rechthaberische Freunde.«

Grzimek rief keiner an, das trauten wir uns nicht. Was hätte der olle Faunapapst uns mitteilen können? Nichts, was nicht in meinem Brehm stand. Zu Hause blätterte ich in dem Buch. Eine Abbildung – die sahen haargenau aus wie unsere feuchten Genossen. Der Text stimmte auch. Schädlinge.

Wir beobachteten die Bisamrattenfamilie. So oft hatte Ernie uns nie bei sich gesehen, diesen Sommer brachen wir alle Besucherrekorde.

Und nicht nur wir. Unglaublich, wie viele Fachleute in Bisamratten herumlaufen. Die wenigsten wollten von

Vernichtung was wissen. Tenor: Das Problem bekommen wir in den Griff. Pustekuchen. Wenn die ihre sechs bis acht Junge warfen, und die buddelten weiter, dann hatten sie bald einen Tunnel bis Köpenick...

Meine Gedanken. Vielleicht auch die Paules. »Wie sieht ein schwangeres Bisamrattenweibchen aus?« fragte Paule, mit Trappergesicht.

Niemand wußte es, der Umgang mit schwangeren Wasserratten – denn das waren die Bisams schließlich – war uns bisher verwehrt geblieben.

Einer machte einen Diätplan, er hatte in einem Buch gefunden, was Bisams fressen. »Sie nagen die jungen Schößlinge ab«, warnte er. »Demzufolge: Frisches Grün! Salate. Löwenzahn.«

»Kein Schappi?« murmelte Paule.

»Davon steht nichts im Buch«, antwortete ernsthaft der Ernährungswissenschaftler.

Wir machten Bekanntschaften, o lala. Als wenn meine Kusine Mathilde mit ihrem Dackel spazieren geht. Die Bisams waren eine Attraktion. Bald ging es bei Ernie und Meta zu wie in einer beliebten Strandbude. Nur daß sie gratis schluckten. Ernie schleppte Bierkästen. Die Bisams blieben zu viert, drei graubraune und der Albino. Sie schwammen vor den Nasen der Zuschauer umher, nicht mal »Boby Dick«, der Dampfer, störte sie. Und wie zierlich sie Metas Weißbrotstullen in den Pfötchen hielten. »Direkt menschlich«, zurpte Amaryllis. Begeisterung bei allen. Nur Paule blieb skeptisch: »Die haben längst geworfen. Unterirdisch wühlen sie weiter, die junge Kanalarbeiterbrigade.«

Ende August stellten wir zwei weitere Gartentische auf und Klappstühle, der Besucherstrom riß nicht ab. Jeder kannte Ernie beziehungsweise seine Ratten. Ernie war Gratiskellner. Flaschenbier-Ausschank en gros. Die bei der Schultheiss-Brauerei müssen das am Ausstoß gemerkt haben.

Dann platzte die Bombe. Eines Morgens rief Meta an, wir sollten kommen, ein Herr vom Wasserbauamt hatte sich angesagt.

Paule und ich schwangen uns auf die Räder, Havelchaussee in Rekordzeit. Das Hirschleder in der Radlerhose klebte mir am Hintern. Paule sah durchsichtig aus. Meta lief uns entgegen: »Der Herr kommt gleich. Allerdings: Die Biberchen sind weg.«

»Weg? Was heißt das? Versteckt unter den Baumwurzeln?«

»Nei-en! Weg. Verflüchtigt. Weg. Aufgelöst und abgereist.«

Ernie: »Ick habe in ihrem Bau jestökert, mit langen Stangen. Nüscht. Kuckt mal, ick bin noch naß. Bis zu die Schultern war ick im Wasser.«

Wir gingen zum Ufer. Nichts regte sich. Keine Pfötchen streckten sich uns entgegen, um Stullen in Empfang zu nehmen.

»Wo sind se, wo sind se?« fragte sich Ernie, laut.

»Wo sind se?« fragte eine halbe Stunde später auch

der Mensch vom Wasserbauamt. Ein älterer Mensch mit Brille, als Freizeitförster verkleidet. Ich hatte mit Marine gerechnet. So kann man sich irren.

Der Mann dachte, wir machen ihm was vor. Erst als Ernie wieder ins Wasser stieg und stökerte, glaubte er uns. »Sie hätten das melden müssen«, sagte er. »Bisamratten sind Schädlinge. Sie werfen im Jahr...«

Ernie winkte ab. »Wissen wir. Aber die haben nich jeworfen. Sonst würden Sie ja die Bisamkindchen sehen, nicht?«

Der Mensch ließ eine Telefonnummer da, wir sollten ihn sofort anrufen, wenn die Ratten wieder auftauchten. »Sofort! Das ist eine amtliche Aufforderung!« Er tippte an sein grünes Hütchen.

Wir blickten ihm nach. »Was machen wir nun?« fragte Meta.

Paule blickte ihr versonnen in die Schürze. »Ich glaube, wir machen 'ne Pulle auf«, sagte er. »Radfahren im Aujust macht durstig.«

CHRISTINE BRÜCKNER
Im Schatten des Birnbaums

Waren Sie schon im Urlaub? – Wohin fahren Sie denn? – Ihr bleibt zu Hause? Offenkundiges Befremden, unverhohlenes Mitleid. Man bedauert uns, weil wir die 237 Quadratmeter Erde, für deren Aussehen wir laut Eintragung im Katasteramt zuständig sind, jetzt nicht verlassen wollen. Kein Zaun, nur eine Hecke markiert deutlich unsere Besitzansprüche. Keiner, den wir nicht ausdrücklich dazu auffordern, wird das Gelände betreten. Eine Birke überragt das Haus. Wacholder und Rosen; auch an Lorbeer fehlt es uns nicht. An der Hauswand eine lilafarbene Klematis, die sich in einer geeigneten Vase zur Orchidee steigern läßt. Hohes Buschwerk; niemand kann den Garten einsehen. Auf dem Rasen (5 × 10 m) bin ich ohne Konkurrenz. Keine Frau ist jünger oder schöner oder schlanker als ich. Dieser Garten ist ein Paradies.

Die Terrasse, ebenerdig (3 × 4 m), bietet Sonne oder Schatten, beides zu seiner Zeit. Einen hessischen Sommermorgen macht uns so leicht keiner nach! Frühstück im Grünen. Deutschsprachig. Honig, weichgekochtes Ei, Toast, ostfriesischer Tee, in der Kanne aufgebrüht und rechtzeitig abgegossen. Die Terrassentür ist weit

geöffnet, damit wir Musik hören können; der Platten-
spieler ist auf Gartenlautstärke eingestellt, Stereo. Som-
mermusik: provençalische Hirtenlieder, griechische
Volksmusik oder mein Frühstückslieblingslied: »Oh,
what a beautiful mornin', oh, what a beautiful day«, aus
dem Musical »Oklahoma«. Die Tageszeitung vom Tag
der Ausgabe, pünktlich um 6.30 Uhr zugestellt. Mit uns
frühstücken die Amseln, sie sind längst domestiziert
und erwarten, daß wir sie nicht nur im Winter ernähren.
Vollkornbrot, gekochter Schinken. Sie lassen nichts
aus, stopfen sich die Schnäbel voll und befördern die
Beute zu ihren Jungen, die aufgeplustert unterm Flie-
derbusch hocken und die Schnäbel aufsperren. Im
Frühling saß das gelbschnäblige Männchen auf dem
Dachfirst und schmetterte seine Werbesongs. Jetzt hat
es, was es haben wollte: ein Weibchen und drei Junge
dazu. Jetzt beschränkt es sich auf Warn- und Lockrufe.
Die Wespen frühstücken ebenfalls mit uns. Sie tauchen
auf, bevor noch das Tablett auf dem Tisch steht. Sie
sind denaturiert, statt sich Nektar aus dem rosa duften-
den Phlox zu holen, nehmen sie Kalbsleberwurst zu
sich. Seitdem scheinen sie friedlicher geworden zu sein.
Unsere Radiomusik erhält Konkurrenz: Die Übernach-
barn hängen den Vogelkäfig an die Sonnenseite des
Hauses, und da brilliert der Kanarienvogel nun mit seinen endlosen Rezitativen, unabhängig von Jahreszeit
und Geschlechtstrieb, schmettert seine Arie, daß man
sich in einer neapolitanischen Gasse wähnt.

Die Vorzüge des eigenen Hauses sind augenfällig. Kein Streik beim Dienstpersonal. Wir bringen ohne Murren unsere Schlafzimmer selbst in Ordnung. Mein Bett: durchgehende Matratze, Federkern, Länge und Breite meinen Wünschen entsprechend; Daunenstepp-decke oder Laken, je nach der Temperatur. Die Kleider hängen griffbereit und gebügelt im Schrank, Wolle oder Baumwolle. Die sanitären Einrichtungen: Bad, Dusche, WC. Die Abflüsse in Ordnung, auch die Warmwasser-versorgung. Sollten kalte Tage kommen, brauchen wir nur am Thermostat der Ölheizung zu drehen. Die Kü-che ist durchgehend geöffnet. Kirschkaltschale, eine Portion rote Grütze mit Milch – so etwas findet man immer im Kühlschrank. Bedienung oder Selbstbedie-nung, nach Wahl. Keine Trinkgelder! Der Whisky – on the rocks, kurz oder lang – kostet in keinem Fall mehr als 0,80 DM. Jalousien filtern das Sonnenlicht und geben den Arbeitszimmern ein wohltuend gedämpftes Licht. Arbeitsklima. Schriftsteller können ihren Beruf zu jeder Zeit ausüben, unbehindert von Betriebsferien, Streiks, Sonntagen, Schlechtwetter. Von keinem Telefonanruf gestört, sitzen wir im August an unseren Schreibti-schen. Kein Verlag, keine Rundfunkanstalt, niemand ruft uns an. Man vermutet uns überall, nur nicht zu Hause.

Unsere Schreibtische haben eine angenehme Größe und die richtige Höhe, ebenso der Schreibtischstuhl. Der Blick geht ins Grüne. Alles ist vertraut, nichts lenkt mehr ab. Die Bücher stehen in Reichweite. Wir sind nicht angewiesen auf ein paar meist ungeeignete Bücher, die man im Koffer mitgenommen hat oder die man in den Hotelpensionen für die Gäste bereithält. Zum Nachschlagen steht der zwanzigbändige Große Brockhaus zur Verfügung. Wer nimmt dieses Werk mit in eine Ferienwohnung? Selbst Leute mit einem Mercedes 300 oder einem Wohnanhänger nicht. Mein Schaukelstuhl steht unter der Stehlampe (220 Volt, 200 Watt). Einen solchen Leseplatz finde ich nirgendwo, auch nicht für 90,– DM Vollpension.

Doch noch ein Anruf, der einzige an diesem Vormittag! Freunde brechen zu einer Kreuzfahrt auf. Mit einem russischen Dampfer ab Wien, donauabwärts, Schwarzes Meer, Odessa. Ihr Auto bleibt hier. Sie wollen es uns zur Verfügung stellen, damit wir »beweglicher« sind. Fußgänger werden mehr und mehr zum Ärgernis. Wir sind eine Herausforderung für unsere Freunde; sie wittern eine Weltanschauung hinter unserem Konsumverzicht. Wir haben in der Tat etwas gegen Autos, in denen wir nicht selber sitzen. Jetzt, in der Ferienzeit, gähnen auf dem Parkplatz vor unserem Haus große Lücken. Morgens bleibt es lange ruhig, kaum einer fährt noch früh zur Arbeit. Erst am späten Vormittag werden einige Wagen für die Fahrt ins Schwimmbad bepackt, zu dem man zu Fuß zwanzig Minuten durch einen der schönsten Parks gehen müßte, vorbei an einem See mit schwarzen und weißen Schwänen, Wasserhühnern, an schattigen Rasenflächen mit Hasen, Eichhörnchen, radschlagenden Pfauen. Mit dem Auto kann man den Park in wenigen Minuten umfahren, muß dann allerdings vom Parkplatz zum Schwimmbad auf einer Asphaltstraße gehen.

Die Post: An jedem Morgen sind wir überrascht, daß sie noch immer ausgetragen wird, wo doch nur Ansichtskarten kommen und ein paar Drucksachen, von Firmen, die uns Öltanks aus Aluminium anbieten. Postkarten von überall her. An der Costa Brava oder auf Mallorca ist in diesem Jahr keiner, den wir kennen. An der Adria erst recht nicht. Unsere Freunde sind anspruchsvoll geworden. Die Inseln, die sie aufsuchen, werden immer exklusiver. Skiathos zum Beispiel. Ich sehe mir auf der Ansichtskarte die Bucht an: blaues Meer, weißer Strand, Schirmpinien: Mittelmeerklischee! Ich lese den Text. »Die schönste Terrasse der Insel! Das Panorama! Der Duft der Seekiefern! Die blühende Macchia! Uzo! Der Seewind! Die Zikaden!« Ich werde dem Absender ein Blatt Papier mit Ausrufungszeichen schicken müssen. Per Luftpost! Ich betrachte unseren Birnbaum und sage: Auch schön! Manch einer würde von weit herkommen, um diesen Birnbaum zu sehen, dessen Früchte von Tag zu Tag dicker werden, grün wie Avocados. Worin unterscheidet sich bei 35 Grad und geschlossenen Augen der Schatten eines Birnbaums von dem einer Pinie? Das möchte ich wissen! Am Rand der Karte steht: »Vor der Rückfahrt graut mir! Diese Charterflüge! Der Flughafen in Ffm!« Soeben nimmt ein Dompfaffenpärchen in der Vogeltränke ein Vollbad. Hänflinge, Spatzen und Amseln halten die Trinkschale für eine Vogelbadeanstalt. Alle paar Stunden kippe ich den Sand heraus und fülle Wasser nach. Ich könnte jetzt gar nicht von hier weg.

Kein Rasenmäher stört die Mittagsstille. Die Nachbarn sind fort; aber auch bei denen, die zu Hause geblieben sind, wächst der Rasen nicht. Es ist zu trocken. Ruhige Zeiten für den Gartenbesitzer. Man könnte ein wenig hacken und zupfen, aber man muß nicht. Der Garten braucht Ruhe nach der Anstrengung des Treibens und Wachsens und Blühens. Auch wir müssen uns vor Überanstrengung hüten, denn wir sind ohne ärztliche Versorgung. Unsere Hausärztin weilt zur Kur in Bad Kohlgrub. Ihr Vertreter hat vier Praxen zu versorgen. Unser Zahnarzt verbringt seine Ferien bei einem Jagdfreund in der Eifel. Unser Friseur ist in Jugoslawien, Insel Raab; mein Mann stutzt sich den Bart selbst. Auch das Glaubensleben ruht. Kein Gesprächskreis im Pfarrhaus mehr, erst im Oktober wieder. Keine Mittwoch-Abend-Andachten. Nur noch das Nötigste an Gottesdiensten, Beerdigungen und Taufen. Geläutet wird automatisch. Die Wochenzeitungen beanspruchen nur noch die halbe Lesezeit. Weniger Anzeigen, weniger Text.

Ab 14 Uhr leide ich unter Halluzinationen: Meeresbrandung. Felsenküste. – Geh doch ins Schwimmbad!

sagt mein Mann. – Kommst du denn mit? frage ich. Er lehnt ab. Schwimmbäder mag er nicht. Wo du nicht hingehst, da will ich auch nicht hingehen, sage ich. Buch Ruth! – Er verbessert mich: Ruth wollte dorthin gehen, wo ihre Schwiegermutter hinging. – Ich sage: Eben! und gehe unter die Dusche. Wenn der Tag kühl ist, beschließen wir, eine Wanderung zu machen, rufen uns ein Taxi, lassen uns an den Waldrand fahren, dorthin, wo der schönste der Wanderwege beginnt. – Achttausend Mark für die Anschaffung eines Wagens gespart, sagt mein Mann und rundet den Fahrpreis auf 7 Mark auf.

Hin und wieder gehen wir zum Paddeln an die Fulda, leihen uns ein Boot, was 2,50 DM pro Stunde kostet, lassen uns flußabwärts treiben, hängen abwechselnd Arme und Beine ins Wasser. Dann wenden wir, paddeln gegen den Strom, legen uns ins Zeug, sind sportlich. Ein Abstecher dorthin, wo sich der Fluß mit Hilfe ehemaliger Kiesgruben zu kleinen Seen mit buschigen Ufern weitet. Pappeln, Weiden und Erlen werfen ihre Schatten, verdunkeln das Wasser. Ein Blick noch auf den Campingplatz, wo man unter beschwerlichen Umständen warme Mahlzeiten auf Trockenspiritus herstellt. Dann geben wir das Boot beim Verleiher wieder ab. Keine Anschaffungskosten, keine Unterhaltskosten, keine Unterbringungsschwierigkeiten. – Der Mensch will allzuoft das besitzen, was er auch ausleihen könnte, stelle ich fest. Mein Mann sieht mich daraufhin prüfend an. Ich ergänze: Dinge! Nicht Menschen!

Wenn es regnet, geht mein Mann zum Orgelspielen in unsere Kirche. Er zieht sämtliche Register! Niemanden stört das. Der Küster hat Ferien, die Kindergärtnerin hat Ferien, die Kantorin ebenfalls. Auch das kulturelle Leben der Stadt ruht. Große Pause! Kein Theater, keine Konzerte, auch keine Sommerfestspiele. Kein drittes Programm auf dem Bildschirm, das sonst viele unserer Abende beansprucht. Die beiden Fernsehanstalten zeigen alte und noch ältere Filme, auch politisch geht es in der Welt ruhiger zu, ferienmäßig. Die Staatsführer weilen in ihren Sommersitzen. Unser Bundeskanzler läuft auf Sylt durchs Watt. Der Verteidigungsminister segelt in der Lübecker Bucht.

In der Dämmerung trete ich dann meinen Rundgang an. Mein Schlüsselbund gleicht dem einer Burgfrau des Mittelalters. Jeden Abend eine andere Wohnung, deren Schlüssel man mir zu treuen Händen überlassen hat. Briefkasten leeren, Drucksachen aussortieren, Briefe umadressieren, Wohnung lüften, Blumen gießen, sorgfältig abschließen.

Darüber wird es Abend. Wieder sitzen wir auf der Terrasse. Die Sonne ist untergegangen. Die Kiefer, die wir vor einigen Sommern aus den schwedischen Wäldern mitgebracht haben, und der Wacholder von der Schwäbischen Alb verwandeln sich in Pinie und Zypresse. Wir schalten die Lampe ein. Nein, mit Mücken haben wir hier keine Last. Auch keine Schnaken, keine Zanzare, keine Mosci. Wir rufen uns deren impertinentes Surren und ihre juckenden Einstiche ins Gedächtnis. Allerdings auch keine Zikaden. Das vermissen wir. »Erinnere dich!« sagt mein Mann. »Kein Auge haben wir zugetan, damals auf Ägina, wenn der Schirokko blies.« Ich erinnere mich und bewundere einen Falter mit grünen durchsichtigen Flügeln, der lautlos um unsere Lampe kreist. Als einziger hat er die Insektenvernichtungskampagne unseres Nachbarn überlebt.

Ein kühlender Abendwind hat sich aufgemacht. Irgendwo feiert man ein Gartenfest. Musik, Gelächter und Bratwurstduft wehen über die Hecken. Der Mond geht auf, verschwindet im Laub des Birnbaums, kommt wieder zum Vorschein, hängt sich in den Goldregenbaum und läßt die Dächer der Häuser weit unter sich. Wir zeigen uns die Venus, den Großen Wagen, die Kassiopeia. Wie sich die Sternbilder gleichen, auf Ägina, auf Bornholm... Zu den Spätnachrichten gehen wir ins Haus. Kein Flugzeugabsturz, keine Schiffskatastrophe, kein Eisenbahnerstreik. Wir atmen auf. Die Nachrichten in Fernsehen und Rundfunk melden uns mittelbar die glückliche Ankunft unserer Freunde. Aber: Auffahrunfälle auf der Autobahn! Erdrutsch bei Kaprun! Neuschnee am Stilfser Joch! Schwere Regenfälle in... Welchen Unannehmlichkeiten sich die Leute doch aussetzen. Wolkenbrüche haben Campingzelte in die oberitalienischen Seen geschwemmt! Aus der Ferne hören wir das Martinshorn eines Unfallwagens und fühlen uns in Sicherheit.

Was für ein schöner Zusammenhalt unter denen, die das bißchen Geselligkeit in der Stadt noch aufrechterhalten! Da genügt eine kurze Entschuldigung: Wir waren im Februar doch erst auf Gran Canaria! Im Herbst fliegen wir noch mal nach Sizilien! Natürlich, sagen wir, wer mag denn in der Hauptreisezeit –! Eben! sagen die Betreffenden und fühlen sich verstanden. Ihr Swimming-pool ist gesäubert und frisch gefüllt. Wie wäre es mit einem Sommerfest? Ohne Umstände! Ganz improvisiert. Nur einfach ein langer Rock. Für Gartenfeste sind wir in diesen Wochen gar nicht zu entbehren. Man holt uns, wenn auf einem Balkon im fünften Stockwerk eines Altbaues ein Sonnenuntergang bei Pfirsichbowle bewundert werden soll; wir essen im Licht von Lampions Spanferkel vom Spieß und bei Windlichtern unzählige Rostbratwürste. Krakauer sind nach unseren Erfahrungen die besten, auf Holzkohle gegrillt.

Dann laden wir ebenfalls ein. Zu einer Pizza Cristina, die sich von einer italienischen Pizza nur durch ihren internationalen Belag unterscheidet: ungarische Salami, holländische Tomaten, griechische Oliven, Schweizer Käse, Öl aus Spanien, Sardellen von werweißwo und der Hefeteig hessisch. Dazu trinken wir Rosé aus der Provence und reden über Kreuzfahrten in die Karibische See, von den Langusten an der bretonischen Küste, Ferienhäusern in Finnland. Renommier- und Imponiergespräche derer, die zu Hause geblieben sind.

Gefilmt haben wir übrigens nicht. Auch keine Dias.

Wir haben vier Tage später dann doch die Koffer gepackt und sind – der Zikaden und der Küste wegen –
nach Dalmatien gefahren, immer hinter unserem
Freund her, dem Maler und Schriftsteller Erich Land-
grebe und seiner reizenden Margret, die uns auf einer
Ansichtskarte geschrieben hatten, es locke sie das südliche Licht und die Pinien von Hvar . . .

*Sommertage in der Großstadt. Dann sehne ich mich nach Wasserfällen, durch
die das Sonnenlicht scheint. Einmal stand ich unter, nein, hinter einem solchen
sprühenden Wasserfall, im Staate Tennessee, in einer grünen Höhle. Die
Wassermassen stürzten sich in einen türkisblauen Tobel. Der Wasserfall hatte
keinen Namen, wir nannten ihn »Adams Fall«. Wenn ich mir diesen Augenblick zurückrufe, was mir leicht möglich ist, verfliegt die Sehnsucht. Ich habe
es ja erlebt.*

PETRA LISKER
Wo es noch brennesselt

Am Stadtpark, nahe dem Kirchlein – wo dem Klang der Glocke noch ein bißchen der mächtige Metallschlag nachzuhören ist, der Duft der Holunderblüten aus der verwunschenen Tiefe des Parks leicht hinüberweht und die Abendsonne die Menschen, die dort auf den Bänken sitzen, in goldene Güte hüllt –, stehen am Rand des Wiesengrundes Brennesseln. Ein ganzer Haufer! Konkret: Zwei Dutzend an der Zahl und bestimmt einen halben Meter hoch. Sie stehen da mit größter Selbstverständlichkeit, so, als wäre das dort keine gepflegte öffentliche Anlage, ja, das hier überhaupt keine Großstadt. Sachen gibt's!

Vielleicht aber haben die Mitarbeiter des Gartenbauamts sie übersehen? (Oder sie gar stehenlassen?) Möglicherweise aber war's das feuchtwarme Klima der letzten Zeit, das sie nach dumpf-brütender Entwicklung emporschießen ließ, über das Gras und den Klee hinaus und höher als alle Halme ringsum, daß so schnell kein Mäher eingesetzt werden konnte? So stehen sie also da – wie ein Trupp Soldaten an der Front zur gemäßigten Natur.

Wie war das mit der goldenen Güte? Nun ja, sie sind eigentlich ganz hübsch, diese Brennesseln. Ach was, hübsch! Sie sind schön, prachtvoll schön, einfach wundervoll: Die herzförmigen, spitz zulaufenden Blätter, fein umsägt, recken sich in Abständen jeweils zu viert oder fünft vom kantigen Stengel fächerartig weg und in samtenem Grün nach oben, wie Perlenkettchen hängen die grün-weiß gesprenkelten Fruchtdolden darunter. Geht man ein bißchen vor ihnen in die Hocke und schaut sie gegen das Licht an, entzückt das Filigrane dieser graziösen Pflanze und lockt zum Berühren...

Hm! Aber sie brennen doch, die Brennesseln, wenn man sie berührt? Das weiß man schließlich noch aus Kindertagen auf dem Land. Aber wahrscheinlich sind es sowieso nur taube Brennesseln, die nicht brennen, sogenannte Taubnesseln. Ja, von wegen taub: »Auaaa!« Doch wie tröstete uns in so einem Fall früher die Großmutter: »Macht nichts, da kriegst du später mal kein Rheuma.«

QUELLENVERZEICHNIS

Teresa Bloomingdale, Der Siegesgarten kapituliert
Aus: T. B., 10 Paar Socken an der Leine. © 1983 by Paul
Zsolnay Verlag GmbH, Wien

Willy Breinholst, Was in aller Welt hat ein einfacher Arbeitselefant wie Jombowallah im Garten des Maharadschas zu suchen?
Aus: W. B., Herrlich verrückt – oder? © 1995 by Verlag
Ullstein GmbH, Frankfurt/M. – Berlin

Willy Breinholst, Hatten wir nicht mal eine Hecken-
schere?
Aus: W. B., Bitte 3 x lächeln täglich. © 1993 by Verlag
Ullstein GmbH, Frankfurt/M. – Berlin

Christine Brückner, Im Schatten des Birnbaums
Aus: Christine Brückner/Otto Heinrich Kühner, Er-
fahren und erwandert. © 1979 by Verlag Ullstein
GmbH, Frankfurt/M. – Berlin, Propyläen Verlag

Thomas Degering, Hänselmanns Leiden/Mein Nachbar Kroll. © 1997 by Ullstein Buchverlage GmbH, Berlin

Harald Eckert, Schwiegermutters Garten. © 1997 by
Ullstein Buchverlage GmbH, Berlin

Joseph von Eichendorff, In dem Garten war schön leben
Zitiert aus: Aus dem Leben eines Taugenichts
Aus: J. v. E., Werke, Band III. Carl Hanser Verlag,
München–Wien 1981

Selma Lagerlöf, Eine Geschichte aus Halstanäs
Aus: S. L., Die schönsten Sagen und Märchen. © 1976
by Nymphenburger Verlagshandlung GmbH, München

Georg Lentz, Wassergrundstück
Aus: G. L., Grüß, grüne Gurke, den Spreewald. © 1989
by Verlag Ullstein GmbH, Frankfurt/M. – Berlin

Petra Lisker, Wo es noch brennesselt
Aus: P. L., Mit ein bißchen Liebe... © 1993 by Verlag
Ullstein GmbH, Frankfurt/M. – Berlin

Jutta Makowski, Biergarteln/Geschenk vom Baum
Aus: J. M., Geht es Ihnen auch so? © 1994 by Verlag
Ullstein GmbH, Frankfurt/M. – Berlin

Katherine Mansfield, Das Gartenfest
Aus: K. M., Sweet old Lady und andere Erzählungen.
© 1988 by Verlag Ullstein GmbH, Frankfurt/M. – Berlin

Franziska Polanski, Hilferuf Schnittblumen
Aus: F. P., Frau Schmöller schmollt und andere dramatische Szenen. © 1995 by Verlag Ullstein GmbH, Frankfurt/M.–Berlin

Jo Hanns Rösler, Die Sonnenrosen des Herrn S.
Aus: J. H. R., Beste Geschichten. © 1992 by F. A. Herbig Verlagsbuchhandlung, München

Jo Hanns Rösler, Für zehn Mark Petersilie
Aus: J. H. R., Dachbodengeschichten. © 1991 by F. A. Herbig Verlagsbuchhandlung, München

Manfred Schmidt, Mein Kampf mit der eigenen Scholle
Aus: M. S., Heitere Geschichten. © 1984 by F. A. Herbig Verlagsbuchhandlung, München

Adalbert Stifter, Als wir den Hügel vollends umgangen hatten
Zitiert aus: Der Nachsommer. Verlag Ullstein GmbH, Frankfurt/M.–Berlin, 1994

Hugo Wiener, Picknicks im Wald
Aus: H. W., Ein Grund zum Feiern. © 1983 by Amalthea Verlag GmbH, Wien–München

Bitte beachten Sie
folgende Seite

*E*in *Glück, daß es Oma gibt!*

Liebevolle Texte von
Ephraim Kishon,
Barbara Noack,
Jo Hanns Rösler,
Theodor Storm,
Hugo Wiener
und vielen
anderen

Ullstein Geschenkbuch 23718

Ullstein